ANTONIOS ANANIADIS

Die Auslegung von Tarifverträgen

Schriften zum Sozial- und Arbeitsrecht

Band 17

Die Auslegung von Tarifverträgen

Ein Beitrag zur Auslegungstypologie zwischen Vertrag und Gesetz

Von

Dr. Antonios Ananiadis

DUNCKER & HUMBLOT / BERLIN

Alle Rechte vorbehalten
© 1974 Duncker & Humblot, Berlin 41
Gedruckt 1974 bei Buchdruckerei Richard Schröter, Berlin 61
Printed in Germany

ISBN 3 428 03193 8

Meinen Eltern

Vorwort

Diese Arbeit hat als Dissertation im Sommer 1973 dem Fachbereich Rechtswissenschaft der Freien Universität Berlin vorgelegen.

Es ist für mich eine angenehme Pflicht, an dieser Stelle meinen hochverehrten Lehrern der Juristischen Fakultät der Aristoteles Universität Thessaloniki danken zu können, insbesondere auch dafür, daß sie mich im Frühjahr 1970 für ein Promotionsstipendium in Deutschland vorgeschlagen haben. Das Thema der Arbeit wurde von mir — entsprechend einer Anregung von Herrn Professor Dr. Bernd Rüthers — ausgewählt, unter dessen Betreuung ich die Arbeit im März 1971 in Berlin in Angriff genommen habe. Dafür, aber auch für die zahlreichen Hinweise und die stete Förderung bin ich ihm zu großem Dank verpflichtet. Dank schulde ich auch dem Zweitreferenten, Herrn Professor Dr. Baumert, für das aufrichtige Interesse, das er beim Abschluß der Arbeit gezeigt hat.

Die Veröffentlichung der Arbeit wäre nicht möglich gewesen, ohne die großzügige finanzielle Unterstützung des Deutschen Akademischen Austauschdienstes, der sowohl meinen Aufenthalt in Berlin in den letzten 3 Jahren finanziert als auch die Veröffentlichung der Arbeit gefördert hat.

Dem Verlag Duncker & Humblot, Berlin, bin ich für die Aufnahme der Arbeit in die Reihe Schriften zum Sozial- und Arbeitsrecht verbunden.

Mai 1974

Antonios P. Ananiadis

Inhaltsverzeichnis

§ 1   Einleitung und Problemstellung   13

Erstes Kapitel

Der Tarifvertrag und die allgemeine Interpretationslehre   17

§ 2 *Zum Fehlen einer Tarifvertrags-Auslegungsmethode* 17

     A. Die Tarifvertragsauslegung in der arbeitsgerichtlichen Praxis 17
     B. Der Mangel an eigenständigen Tarifvertrags-Auslegungskriterien .. 18
     C. Die Abhängigkeit des Tarifvertrages von der allgemeinen Interpretationslehre 19
         I. Die Konstruktionskontroversen bezüglich der juristischen Natur des Tarifvertrages 19
             1. Die vertretenen Ansichten 19
             2. Würdigung und Stellungnahme 22
         II. Die Verbindung der Konstruktionskontroversen mit den überlieferten Methodenstreitigkeiten 23
             1. Der Tarifvertrag im Mittelpunkt des Gegensatzes von Gesetzes- und Vertragsauslegung 23
             2. Die Entwicklung der Methodenstreitigkeiten 26
                 a) Die Gesetzesauslegung 28
                 b) Die Auslegung des Rechtsgeschäfts 32
                 c) Die allgemeinen Interpretationskriterien und ihre Anwendbarkeit auf die Rechtsgeschäfte mit einer Vielzahl von Adressaten 34

Zweites Kapitel

Die Auslegung des normativen und schuldrechtlichen Teils   40

§ 3 *Die Auslegung des normativen Teils* 40

     A. Untersuchungsmethode 40
     B. Die Einigungsmängel bei der Entstehung der Tarifbestimmungen .. 41
         I. Dissens 41
         II. Falsa Demonstratio 43
     C. Der zustande gekommene Tarifvertrag 46
         I. Das grammatische Element 46
             1. Der Tarifvertrag im Mittelpunkt der Rationalisierung des Arbeitsrechts 46

2. Die Eigenartigkeit des Wortlauts des Tarifvertrages 48
   a) Die Auslegung von tariflichen Begriffen 49
   b) Die Verwendung von allgemeinen Rechtsbegriffen 54
   c) Zur Auslegung von Ausschlußfristen 57
3. Zur Frage der authentischen Interpretation 61
II. Die logisch-systematische Auslegung 62
  1. Der begriffliche Inhalt 62
  2. Die systematische Auslegung des Tarifvertrages 63
III. Die tarifliche Übung als Auslegungsfaktor 65
  1. Zum Verhältnis zwischen der betrieblichen Übung und den kollektivvertraglichen Vereinbarungen 65
  2. Abgrenzung der tariflichen von der betrieblichen Übung 66
  3. Die ältere tarifliche Übung 67
  4. Die jüngere Tarifübung 67
  5. Tarifliche Übung und Vertrauensschutz 67
IV. Die Entstehungsgeschichte des Tarifvertrags als Auslegungsfaktor 68
  1. Die Verhandlungsprotokolle 69
  2. Die Beweggründe 70
V. Die teleologische Auslegung des Tarifvertrages 70
  1. Vorbemerkung 70
  2. Die Ermittlung des Zweckes der tariflichen Bestimmungen.. 71
  3. Die Rechtmäßigkeit des Zweckes 72
VI. Die abändernde Auslegung 73

§ 4 *Die interpretatorische Behandlung des schuldrechtlichen Teils* 76

A. Die auf die „Doppelnatur" des Tarifvertrages bezogenen methodologischen Probleme 76
B. Der Inhalt des schuldrechtlichen Teils: Selbst- und Einwirkungspflichten 77
C. Die Auslegung des schuldrechtlichen Teils unter besonderer Berücksichtigung des Friedens- und Vertrauensgedankens 79

Drittes Kapitel

**Die Nachprüfung des Auslegungsergebnisses
durch das Revisionsgericht**   81

§ 5 *Allgemeines zur Revisibilität von Willenserklärungen* 81
§ 6 *Die Revisibilität der Tarifvertragsauslegung im besonderen* 83

A. Die Voraussetzung voller Nachprüfbarkeit: der normative Charakter der Bestimmungen 83
B. Die Besonderheit der unbestimmten Begriffe des Tarifvertrages .. 84
C. Die Revisibilität der Auslegung des schuldrechtlichen Teils 86

§ 7   **Schlußwort**   87

       Literaturverzeichnis   90

Abkürzungsverzeichnis

Die folgenden Abkürzungen entsprechen, soweit sie dort aufgeführt sind, dem „Abkürzungsverzeichnis der Rechtssprache" von Kirchner, 2. Aufl. Berlin 1968.

a. A.	anderer Ansicht
abw.	abweichend
AcP	Archiv für die civilistische Praxis (1. 1818 - 149. 1944, 150. 1948/49 ff.)
AGB	Allgemeine Geschäftsbedingungen
AöR	Archiv des öffentlichen Rechts (Zeitschrift)
AP	Nachschlagewerk des Bundesarbeitsgerichts, Arbeitsrechtliche Praxis
AR-Blattei	Arbeitsrecht-Blattei, verl. v. Forkel
ArbG	Arbeitsgericht
ArbGG	Arbeitsgerichtsgesetz
ArbN	Arbeitnehmer
AuR	Arbeit und Recht. Zeitschrift für die Arbeitsrechtspraxis (1. 1953 ff.)
ARSt	Arbeitsrecht in Stichworten (Entscheidungssammlung)
ATO	Allgemeine Tarifordnung für Gefolgschaftsmitglieder im öffentlichen Dienst vom 1. 4. 1938
AZO	Arbeitszeitordnung vom 30. 4. 1938 (RGBl. I S. 447)
BAG	Bundesarbeitsgericht
BAGE	Entscheidungen des Bundesarbeitsgerichts, Amtliche Sammlung
BAT	Bundes-Angestelltentarifvertrag (Bund, Länder, Gemeinden) vom 23. 2. 1961
BB	Der Betriebs-Berater (Zeitschrift, 1. 1946 ff.)
BGB	Bürgerliches Gesetzbuch
BGBl.	Bundesgesetzblatt
BGH	Bundesgerichtshof
BGHZ	Entscheidungen des Bundesgerichtshofs in Zivilsachen (1. 1951 ff.)
Bl.	Blatt; Blätter
BlStSozArbR	Blätter für Steuerrecht, Sozialversicherung und Arbeitsrecht (N. F. 1. 1946 ff.)
BMT	Bundes-Manteltarif
BSG	Bundessozialgericht
BUrlG	Bundesurlaubsgesetz vom 8. 1. 1963
Büro	Das Büro (1. 1950 ff.)
BV	Betriebsvereinbarung
BVerfG	Bundesverfassungsgericht
BVerfGE	Entscheidungen des Bundesverfassungsgerichts (1. 1952 ff.)
CC, cc	Code civil
DB	Der Betrieb (Zeitschrift; 1. 1948 ff.)
DGB	Deutscher Gewerkschaftsbund
DJT	Deutscher Juristentag
GG	Grundgesetz für die Bundesrepublik Deutschland vom 23. 5. 1949 (BGBl. S. 1)
HGB	Handelsgesetzbuch vom 10. 5. 1897 (RGBl. S. 219)
h. L.	herrschende Lehre

h. M.	herrschende Meinung
IherJb.	Iherings Jahrbücher für die Dogmatik der bürgerlichen Rechte (Zeitschrift)
i. d. F.	in der Fassung
i. e. S.	im engeren Sinne
i. S.	im Sinne
JR	Juristische Rundschau (1. 1925 — 11. 1935; 1. 1947 ff.)
JurA	Juristische Analysen (Zeitschrift)
i. w. S.	im weiteren Sinne
JZ	Juristenzeitung (6. 1951 ff.)
Kap.	Kapitel
KG	Kammergericht
LAG	Landesarbeitsgericht
Lehrb.	Lehrbuch
LG	Landgericht
LM	Nachschlagewerk des Bundesgerichtshofs, hrsg. von Lindenmeier, Möhring u. a. (1951 ff.)
m. a. W.	mit anderen Worten
Mot.	Motive zum Entwurf eines Bürgerlichen Gesetzbuches für das Deutsche Reich 1888
m. w. N.	mit weiteren Nachweisen
NJW	Neue Juristische Wochenschrift
OLG	Oberlandesgericht
PrAR	Praktisches Arbeitsrecht
RAG	Reichsarbeitsgericht
RdA	Recht der Arbeit (1. 1948 ff.)
Rechtstheorie	Zeitschrift für Logik, Methodenlehre, Kybernetik und Soziologie des Rechts
RG	Reichsgericht
RTO	Reichstarifordnung
RTV	Rahmentarifvertrag
RVO	Reichsversicherungsordnung vom 19. 7. 1911 (RGBl. S. 509), i. d. F. vom 15. 12. 1924 (RGBl. I S. 779)
SAE	Sammlung arbeitsrechtlicher Entscheidungen (Zeitschrift)
Soergel (Bearbeiter)	Bürgerliches Gesetzbuch, Kohlhammer-Kommentar, begründet von Hs. Th. Soergel, neu herausgegeben von W. Siebert, 10. Aufl., Bd. I, 1967; Bd. II, 1968; Bd. III, 1969
TO	Tarifordnung
TV	Tarifvertrag
TVG	Tarifvertragsgesetz i. d. F. vom 25. 8. 1969
VO	Verordnung
Vorb.	Vorbemerkung
WPM	Wertpapier-Mitteilungen (1. 1947 ff.)
WuW	Wirtschaft und Wettbewerb
ZFA	Zeitschrift für Arbeitsrecht
ZPO	Zivilprozeßordnung vom 30. 1. 1877

§ 1 Einleitung und Problemstellung

Die Entwicklung des Wirtschafts- und Soziallebens hat auf herkömmliche Begriffe des Privatrechts einen starken Einfluß. Der Kernbegriff des Privatrechtssystems, der Begriff des Rechtsverhältnisses, wurde u. a. auch Gegenstand dieses Einflusses[1].

Das privatrechtliche Rechtsverhältnis schafft herkömmlicherweise subjektive Rechte und Pflichten zwischen den beteiligten Parteien. Seine Wirkungen sind auf diese Personen beschränkt.

Neben solchen Rechtsverhältnissen gibt es jedoch Rechtsbeziehungen, die diese Grenzen überschreiten, indem sie auf unbeteiligte Dritte einwirken.

Gegenüber solchen Rechtsgeschäften war die zivilrechtliche Dogmatik bisher sehr skeptisch. Im Prinzip sind sie zwar dem kodifizierten Privatrecht bekannt, in der Form des Vertrages zugunsten Dritter[2]. Die Rechtswirkungen sind dennoch ganz andere. Im Gegensatz zu dem Vertrag zugunsten Dritter umfaßt das Rechtsgeschäft mit bindender Wirkung für Dritte eine Vielzahl von unbestimmten Personen, auf deren Rechtsbeziehungen nicht lediglich in einer rechtserzeugenden Weise eingewirkt wird, sondern darüber hinaus durch die Schaffung entsprechender Pflichten[3]. Es gestaltet also den Inhalt und in einer Vielzahl von Fällen den Abschluß von Rechtsverhältnissen[4]. Die Gestaltungsmacht beruht entweder auf einseitiger Rechtssetzung, die in der Regel mittelbar durch weitere Rechtsgeschäfte ihre Wirkung entfalten kann, oder durch vertragliche Vereinbarungen, die unmittelbar bzw. mittelbar über bestimmte Durchführungspflichten den Einzelfall beeinflussen.

Diese Erscheinung, deren bedeutsamste Spielarten der Tarifvertrag, die Betriebsvereinbarung, die allgemeinen Geschäftsbedingungen und

---

[1] Dieser Einfluß erstreckt sich von den Grundbegriffen des Rechtssystems wie z. B. Privatautonomie und Vertragsfreiheit bis zu Begriffsinhalten wie der Verwirkung und Erwirkung von Rechten; vgl. *Adomeit*, Gestaltungsrechte, Rechtsgeschäfte, Ansprüche, 1969, S. 37; *Lukes*, Der Kartellvertrag, Das Kartell als Vertrag mit Außenwirkungen, 1959, S. 1 ff.; *Laufke*, Vertragsfreiheit und Grundgesetz, Festschrift für Lehmann 1956, Bd. I, S. 145; *Larenz*, Methodenlehre der Rechtswissenschaft, 2. Aufl. 1969, S. 288 ff.; *Brox*, Fragen der rechtsgeschäftlichen Privatautonomie, JZ 1966, S. 761 ff.
[2] s. BGB § 328.
[3] Dadurch wird der Dritte nicht lediglich Anspruchsträger, sondern er tritt als Partei des gesamten Rechtsverhältnisses auf.
[4] Wie z. B. im Fall eines Tarifvertrages; vgl. § 1 TVG.

der regelaufstellende Kartellvertrag sind, ist nicht zufällig. Sie ist die Folge einer starken Tendenz zur Organisierung und Typisierung der rechtlichen Gestaltung des Wirtschaftslebens, das zur Aufstellung von allgemeinen Regeln tendiert. Diese Regeln sollen für gleichartige Verhältnisse maßgebend sein[5].

Insofern vermag heute die dogmatische Ablehnung eines Rechtsgeschäftstypus, der auch zu Lasten Dritter wirkt, nicht mehr ganz zu überzeugen[6]. Sie läßt sich zwar durch das positive Recht begründen[7]. Sie geht jedoch an der Realität vorbei; diese Realität zeigt deutlich die Entwicklung und das Wachstum von verschiedenen sozialen Mächten, die die Rechtsbeziehungen des Einzelnen entscheidend bestimmen. Ein typisches Beispiel dafür liefern die allgemeinen Geschäftsbedingungen. Darunter sind die von dem Unternehmer — allein oder mit anderen Unternehmern zusammen — aufgestellten Bedingungen für die Gestaltung von Einzelrechtsverhältnissen zu verstehen[8]. Mit der Geltung dieser Bedingungen muß sich der Durchschnittskunde einverstanden erklären, um den Vertragsabschluß überhaupt herbeizuführen[9].

Ein mittelbarer Kontrahierungszwang und ein unmittelbar diktierter Vertrag ist schon eine häufige Erscheinung im Privatrechtsverkehr. Mit dieser Feststellung muß man sich heute abfinden[10]. Diese tatsächlichen Auswirkungen sind der staatlichen Normsetzung sehr ähnlich und teilweise gleichgeartet. Das beruht darauf, daß neben den von der Verfassung bestimmten Gesetzgebungsorganen heute Gruppen entstehen, die die Interessen der sich zusammenschließenden Personen vertreten. Diese Gruppen — z. B. Koalitionen oder andere Berufsverbände — üben im Innen- und Außenverhältnis einen starken Einfluß aus, der sich von der staatlichen Normsetzung faktisch kaum unterscheiden läßt[11]. Die Kollektivierung des Rechtslebens und die ihr zwingend

---

[5] Vgl. *Lukes*, S. 10 ff.; *Herschel*, Rationalisierung des Rechts, insbesondere des Arbeitsrechts, in Festschrift für Sitzler, S. 287 ff.; *Säcker*, Gruppenautonomie und Übermachtkontrolle im Arbeitsrecht, 1972, S. 96 ff.

[6] So die überlieferte Lehre aufgrund des § 328 BGB; vgl. *Enneccerus/Nipperdey*, Allg. Teil, 15. Aufl., § 204 I 3b; *Larenz*, Schuldrecht, I, 1970, S. 162 ff., insbes. 170; diese Lehre geht freilich von dem klassischen zweiseitigen Vertrag aus, der den Schuldner A, den Gläubiger B und den Dritten sich vor Augen hält; skeptischer *Blomeyer*, Allgemeines Schuldrecht, 4. Aufl. 1969, S. 289; grundlegend *Bettermann* in JZ 1951, S. 321 ff.; vgl. auch *Säcker*, Gesellschaftsvertragliche und erbrechtliche Nachfolge in Gesamthandsmitgliedschaften, S. 49 f.

[7] So die §§ 328 ff. BGB, die den Dritten nur als Berechtigten wissen wollen.

[8] Vgl. *Säcker*, Gruppenautonomie und Übermachtkontrolle im Arbeitsrecht, 1972, S. 81 ff.

[9] *Säcker*, Gruppenautonomie, S. 81 ff.; *Biedenkopf*, Vertragliche Wettbewerbsbeschränkungen und Wirtschaftsverfassung, 1958, S. 119 ff.

[10] s. dazu statt aller den grundlegenden Beitrag von *Nipperdey*, Kontrahierungszwang und diktierter Vertrag, S. 11 ff.; vgl. auch *Blomeyer*, S. 76, 99; *Larenz*, Schuldrecht, I, 1970, S. 45.

folgende Typisierung haben praktisch zu der Gestaltung einer zwischen dem Bürger und dem Staat intermediären Gewalt geführt; der sozialen Macht mit ihren verschiedenen Erscheinungsformen[12].

Auf dem Gebiet des Arbeitslebens hat die industrielle Entwicklung die Folge gehabt, die Arbeitsbedingungen nicht immer wieder neu und besonders für jedes Arbeitsverhältnis zu vereinbaren, sondern einheitlich und für längere Dauer[13]. Das entsprach sowohl den Interessen des Arbeitgebers, als auch — vorwiegend — denen der Arbeitnehmer, die sich gegenüber dem ersten in einer schwächeren Position befanden.

Wegen dieser ungleichen Machtlage der einzelnen Kontrahenten wurde ihnen teilweise die Gestaltung ihres Rechtsverhältnisses entzogen und ihren Zusammenschlüssen übertragen. Dieser aus dem obigen Grunde zu rechtfertigende Eingriff in die Sphäre der individuellen Vertragsfreiheit wurde zugleich staatlich sanktioniert mit der Folge, daß die einzelnen Vertragsparteien keine primäre Macht mehr haben, ihre Rechtsverhältnisse autonom zu gestalten[14].

„Das Recht, zur Wahrung und Förderung der Arbeits- und Wirtschaftsbedingungen Vereinigungen zu bilden", heißt es im Artikel 9, Abs. III GG, „ist für jedermann und für alle Berufe gewährleistet. Abreden, die dieses Recht einschränken oder zu behindern suchen sind nichtig, hierauf gerichtete Maßnahmen sind rechtswidrig." Der Rückschlag, den die individuelle Vertragsfreiheit zugunsten des status collectivus erleben mußte, rief die Koalitionen ins Leben. Zugleich wurde der Individualwille der Kollektivgewalt weitgehend untergeordnet. Dies geschah zwar kraft freiwilliger Unterwerfung, nämlich durch den Beitritt des Einzelnen zu der Koalition. Damit gewann jedoch das Problem der Grenzziehung zwischen Kollektivmacht und Individualsphäre besondere Bedeutung. Die freiwillige Unterwerfung unter die Regelungsbefugnis eines Dritten beinhaltet keineswegs eine totale Entfremdung von der Gestaltung der eigenen Angelegenheiten[15].

---

[11] Die Frage nach der Herkunft dieser Befugnis liegt außerhalb der vorliegenden Arbeit; s. dazu *Adomeit*, Rechtsquellenfragen im Arbeitsrecht, München 1969, S. 121 ff.
[12] Soweit diese Erscheinung von der grundgesetzlichen Gewaltenteilung liegen mag, um so mehr realitätsbezogen sie ist. Der Rücktritt des Gesetzgebers von der Regelung sämtlicher Sachverhalte hat sie hervorgerufen; vgl. *Bogs*, Autonomie und verbandliche Selbstverwaltung im modernen Arbeits- und Sozialrecht, RdA 1956, S. 3 ff.
[13] So *Adomeit*, Zur Theorie des Tarifvertrages, RdA 1967, S. 299.
[14] Vgl. *Neumann-Duesberg*, Kollektivvertrag und Individualrecht, JZ 1960, S. 525; *Bogs*, RdA 1956, S. 3 ff.; *Richardi*, Kollektivgewalt und Individualwille bei der Gestaltung des Arbeitsverhältnisses, S. 1 ff., 35 ff.
[15] Das Rechtsgeschäft als Mittel schöpferischer Gestaltung von Rechtsverhältnissen setzt eine Rechtsordnung voraus, die von dem Prinzip der Selbstbestimmung des einzelnen Menschen ausgeht; *Brox*, Fragen der rechtsgeschäft-

Der Tarifvertrag ist heute die Hauptbetätigungsform der Koalitionen und zugleich der entscheidende Gestaltungsfaktor des Arbeitslebens. Er wirkt unmittelbar und zwingend auf die Arbeitsverhältnisse der Tarifunterworfenen und bestimmt ihren Mindestinhalt[16]. Seine Eigenschaft „Rechtsnormen" zu setzen, hat ihn zu einem der bedeutendsten Institute des Privatrechts werden lassen[17].

Die rechtsgeschäftliche Herkunft und die teilweise normative Wirkung des Tarifvertrages machen die Untersuchung dieses Instituts besonders interessant. Vor allem die Auseinandersetzung mit seiner Auslegungsproblematik erlangt durch folgende Faktoren eine besondere Bedeutung:

a) Durch den Tarifvertrag soll ein bestehender Interessengegensatz der Tarifvertragsparteien für eine bestimmte Zeit beigelegt bzw. in bestimmten Bahnen gelenkt werden.

b) Der Tarifvertrag steht durch seinen teilweise normativen, teilweise schuldrechtlichen Charakter in der tatsächlichen Wirkung zwischen Gesetz und Vertrag.

c) Das Arbeitsrecht hat keine eigene Interpretationslehre entwickelt. Die tradierten Auslegungsmittel werden — manchmal ohne Berücksichtigung der bestehenden Besonderheiten — auf diesem Gebiet angewendet.

d) Die Teilung des Tarifvertrages in einen normativen und einen schuldrechtlichen Teil führt in vielen Fällen zu abweichenden Stellungnahmen und entsprechenden Kontroversen. Das ist bei der hermeneutischen Behandlung des Tarifvertrages auch der Fall. Die überlieferte Unterscheidung zwischen Vertrags- und Gesetzesauslegung findet somit bei der Auslegung des Tarifvertrages ihren Niederschlag.

---

lichen Privatautonomie, JZ 1966, S. 761; *Flume*, Allg. Teil des Bürgerlichen Rechts, Bd. II, Das Rechtsgeschäft, S. 11, 59 f.; vgl. auch § 4 Abs. 3 TVG.
[16] TVG § 4, Abs. 3.
[17] Auf internationaler Ebene ist dem Institut des Tarifvertrages von den Arbeitsrechtsordnungen der westlichen Welt eine große Bedeutung beigemessen worden; vgl. die umfangreichen Nachweise von *Adomeit*, Zur Theorie des Tarifvertrages, RdA 1967, S. 297, Fußn. 1.

Erstes Kapitel

Der Tarifvertrag und die allgemeine Interpretationslehre

§ 2 Zum Fehlen einer Tarifvertrags-Auslegungsmethode

A. Die Tarifvertragsauslegung in der arbeitsgerichtlichen Praxis

Das Problem der Auslegung des Tarifvertrages hat sich in der Praxis der Arbeitsgerichte als von erheblicher Bedeutung erwiesen. Die Zahl der Entscheidungen, die in der AP zu § 1 TVG unter dem Stichwort „Auslegung" stehen, ist ein Indiz für die Fülle der Fragen, die bei der Anwendung des Tarifvertrages auftauchen[18]. Dazu gehört der Umstand, daß der Tarifvertrag der Hauptfaktor der Gestaltung des Arbeitslebens ist. Von den vier Gestaltungsfaktoren des Arbeitsverhältnisses (Staatliches Gesetz — Einzelarbeitsvertragsparteien durch Vertrag — Betriebspartner durch Betriebsvereinbarung — Tarifpartner durch Tarifvertrag) ist die reale Einflußnahme des Staates zugunsten der übrigen verringert worden. Der Staat hat sich von der Ausgestaltung der Arbeitsverhältnisse weitgehend zurückgezogen und steht heute bei deren Regelung oft abseits. Der größte Teil dieses Entfaltungsraums ist den Tarifpartnern übertragen worden. Diese verstehen sich heute als Mitträger der Verfassungswirklichkeit[19]. Die Tatsache, daß von den gesamten

---

[18] Das Nachschlagewerk von *Hueck/Nipperdey/Dietz*, „Arbeitsrechtliche Praxis — Leitsätze und Entscheidungen mit erläuternden Anmerkungen", 1954 bis 1970 TVG §§ 1 - 3, bietet eine Zahl von 118 Entscheidungen des BAG, die unter § 1 TVG „Auslegung" stehen. Zieht man auch diejenigen Entscheidungen in Betracht, die unter anderen §§ des TVG stehen (z. B. § 4 TVG Ausschlußfristen) oder sogar unter anderen Gesetzen — etwa Lohnfortzahlungsgesetz oder Bundesurlaubsgesetz — und die nicht weniger die Auslegung eines Tarifvertrages betreffen, so muß man mit einer Zahl von mindestens 200 Entscheidungen allein des BAG rechnen. Vgl. auch *Herschel*, Die Auslegung der Tarifvertragsnormen, Fest. Molitor 1962, S. 164; vgl. auch *Mayer-Maly*, Zehn Jahre BAG, RdA 1964, S. 441 ff.

[19] Das Wachstum der Koalitionen ist eine natürliche Folge der erweiterten Koalitionsbetätigung. Daß sie heute, abgesehen von den ihnen zustehenden Befugnissen zur Regelung der Arbeitsverhältnisse auf kollektive Ebene, in verschiedenen Weisen Einfluß auf Legislative, Exekutive und Judikatur ausüben, liegt auf der Hand; s. dazu *Rüthers*, Das Recht der Gewerkschaften auf Information und Mitgliedschaft im Betrieb, Rechtsgutachten, in RdA 1968, S. 167; *ders.*, Streik und Verfassung, 1960, S. 38 ff.

Arbeitnehmern nur eine Minderheit organisiert ist[20], hindert nicht die faktische Tendenz, daß die tarifvertraglichen Bestimmungen alle Arbeitsverhältnisse prägen ohne Rücksicht auf die Zugehörigkeit der Arbeitnehmer zu der tarifvertragsschließenden Gewerkschaft[21]. Dies erfolgt vorwiegend durch einzelvertragliche Vereinbarung der Geltung von Tarifbestimmungen, insbesondere bei den sogenannten Formulararbeitsverträgen oder aber durch eine Allgemeinverbindlichkeitserklärung der Tarifverträge. Auch diese tatsächliche Entwicklung erfordert zunehmend die Überprüfung der Möglichkeiten und der Methoden, die für die Auslegung der Tarifbestimmungen angewendet werden können.

B. Der Mangel an eigenständigen Tarifvertrags-Auslegungskriterien

Die Betrachtung der Rechtsprechung zur Tarifvertragsauslegung läßt zweierlei feststellen: Erstens sind die Auslegungsprobleme fast ausschließlich hinsichtlich des normativen Teils aufgetreten[22]. Zweitens fehlt die Entwicklung einer Interpretationslehre, die den Eigentümlichkeiten der Auslegung des Tarifvertrages gerecht wird[23].

Die erste Feststellung läßt sich dadurch erklären, daß der obligatorische Teil des Tarifvertrages schuldrechtliche Pflichten enthält, die dem Tarifvertrag immanent sind, nämlich die Friedenspflicht und die Durchführungspflicht, und die deshalb nicht unbedingt ausdrücklich festgelegt werden müssen[24]. Es wird weiter unten der Versuch unternommen zu

---

[20] Der Mitgliederstand des DGB vom 31. 12. 1971 beträgt insgesamt 6 868 662 Mitglieder, davon 5 153 000 Arbeitnehmer (*Statistisches Jahrbuch für die Bundesrepublik Deutschland*, Hrsg. Statistisches Bundesamt Wiesbaden 1972, S. 138). Das bedeutet ein Prozent von 35 - 40 % der gesamten Arbeitnehmer.

[21] So gelten regelmäßig in der betrieblichen Praxis die tarifvertraglich festgelegten Arbeitsbedingungen für alle Arbeitsverhältnisse, ohne Rücksicht auf die Gewerkschaftszugehörigkeit. Häufig wird auch beim Abschluß des Arbeitsvertrages auf den jeweils geltenden Tarifvertrag Bezug genommen; vgl. *Söllner*, Arbeitsrecht 1969, S. 118; *Rüthers*, RdA 1968, S. 167; *Nikisch*, Arbeitsrecht 1959, Bd. II, S. 275; *Hueck/Nipperdey*, Lehrbuch des Arbeitsrechts, 7. Aufl. Bd. II, Hlbd. I, S. 484. In diesem Fall werden die Tarifnormen Inhalt des einzelnen Arbeitsvertrages, was für die Auslegung und die Frage der Revisibilität von großer Bedeutung sein kann; dazu BAG vom 12. 8. 1959 AP Nr. 1 zu § 305 BGB, Nr. 12 zu § 550 ZPO (Anm. v. *Tophoven*).

[22] Es entspricht auch eher der Natur der Sache, daß der normative Teil des Tarifvertrages, der Normen über den Abschluß, den Inhalt und die Beendigung von Arbeitsverhältnissen enthält, sowie über betriebliche und betriebsverfassungsrechtliche Fragen, streitträchtiger ist als der schuldrechtliche Teil, dessen Wirkungen sich hauptsächlich auf die Tarifparteien beschränken.

[23] Vgl. *Siegers*, DB 1967, S. 1633 ff., der diese Tatsache erkennt und andeutet. Der Umstand, daß der Tarifvertrag in der Polarität zwischen Vertrag und Gesetz steht, macht diese Entwicklung freilich viel schwieriger; dazu *Nipperdey/Säcker* in Arbeitsrecht-Blattei, D-Tarifvertrag II B, V I.

[24] Darüber besteht Einstimmigkeit in der Lehre; s. etwa *Söllner*, Arbeitsrecht 1969, S. 115, *Alfred Hueck* in Arbeitsrecht-Blattei D-Tarifvertrag V, *Hueck/Nipperdey*, Lehrbuch, 7. Aufl., 2. Bd., 1. Hlbd., S. 304, *Nikisch*, Arbeitsrecht, 1959, Bd. 2, S. 325.

zeigen, welche Auslegungsprobleme hier auftauchen können und wie sie zu behandeln sind[25]. Die zweite Feststellung erklärt sich dadurch, daß, solange die allgemeine juristische Hermeneutik keine endgültige Lösung für das Problem der Interpretation gefunden hat, auch eine Tarifvertrags-Interpretationslehre fehlen muß. Deshalb sind höchstens einzelne Regeln anzutreffen, die von der richterlichen Praxis entwickelt worden, oder aus der allgemeinen Hermeneutik übernommen worden sind[26].

C. Die Abhängigkeit des Tarifvertrages von der allgemeinen Interpretationslehre

I. Die Konstruktionskontroversen bezüglich der juristischen Natur des Tarifvertrages

Die Stellungnahme zu dem Streit über die juristische Natur des Tarifvertrages ist bisher in der Literatur als eine Vorfrage bezüglich der Tarifvertragsauslegung angesehen worden. Eine kurze Auseinandersetzung mit diesem Streit wäre infolgedessen nicht überflüssig.

1. Die vertretenen Ansichten

Nach § 1 Abs. 1 TVG ist der Tarifvertrag ein schriftlicher Vertrag zwischen einem oder mehreren Arbeitgebern oder Arbeitgeberverbänden und einer oder mehrerer Gewerkschaften zur Regelung von arbeitsrechtlichen Rechten und Pflichten der Tarifvertragsparteien und zur Festsetzung von Rechtsnormen über den Inhalt, den Abschluß und die Beendigung von Arbeitsverhältnissen, sowie über betriebliche und betriebsverfassungsrechtliche Fragen und gemeinsame Einrichtungen der Tarifunterworfenen. Der Gesetzgeber hat mit dieser Definition den Tarifvertrag durch zwei Merkmale gekennzeichnet: einen rechtsgeschäftlichen Entstehungstatbestand und eine normative Wirkungsweise[27]. Durch diese zwei Merkmale werden das Privat- und das öffentliche Recht miteinander verknüpft, so daß ein Spannungsverhältnis entsteht.

Privatrechtliche Abmachungen pflegen keine normative Wirkung zu haben[28]. Der einzige Schöpfer von Rechtsnormen ist der Staat durch

---

[25] s. unten § 4.
[26] In dieser Beziehung ist die Entscheidung des BAG v. 26. 4. 1966 AP Nr. 117 zu § 1 TVG Auslegung besonders interessant. Die Entscheidung faßt die von der Rechtsprechung anerkannten Tarifvertrags-Auslegungskriterien zusammen und bietet dadurch einen klaren Überblick der in der höchstrichterlichen Rechtsprechung etablierten Meinung (zustimmend *A. Hueck* in der angeschlossenen Anmerkung); vgl. auch *Siegers*, DB 1967, S. 1633 ff.; *Herschel* in Festschrift Molitor, S. 171.
[27] So *Adomeit*, Zur Theorie des Tarifvertrages, RdA 1967, S. 298.
[28] Das ist die dogmatische Basis des deutschen Rechts der Schuldverhältnisse, wie sie sich aus den Folgen der Nichterfüllung und der Vertragsverletzung sowie auch aus dem Recht der unerlaubten Handlungen ergibt. Anders freilich nach französischem Recht, Art. 1134 al. 1 *Code Civil:* „Les conventions légalement formées tiennent lieu de loi à ceux qui les ont faites."

seine Gesetzgebungsorgane[29]. Der Jurist, der sich seit der Erscheinung des Tarifvertrages zur Aufhebung dieses Widerspruchs verpflichtet fühlte, hat sich mit dem Problem für mehr als ein halbes Jahrhundert beschäftigt[30]. Vor ihm stand die nicht zu überwindende dogmatische Unterscheidung zwischen Vertrag und Norm.

Von vielen wurde der Versuch unternommen, beide Elemente des Tarifvertrages zu harmonisieren. Die h. L., die der Vorläufer der gesetzlichen Regelung ist[31], spricht z. B. von einer „Doppelnatur" des Tarifvertrages. Der Tarifvertrag sei nach dieser Lehre, der sich auch die Rechtsprechung des BAG angeschlossen hat[32], ein privatrechtlicher Vertrag, der in seinem obligatorischen Teil einen schuldrechtlichen Vertrag, in seinem normativen Teil dagegen einen rechtsverbindlichen Normenvertrag bildet[33].

Die Konstruktion des „rechtsverbindlichen Normenvertrages" sollte das Paradoxon aufheben. Sieht man jedoch die Sache folgerichtig, dann muß man weiter diese Normsetzung durch eine entsprechende Befugnis rechtfertigen. Die Normsetzungslehre hebt zu diesem Zweck den Tarifvertrag aus der traditionellen Ebene der Rechtsgeschäfte heraus, indem sie in ihm die Verleihung der staatlichen Ermächtigung sieht, durch welche der Tarifvertrag die Eigenschaft einer autonomen Rechtsquelle erlangt[34].

Dieser Versuch nach einer Kombination beider Elemente ist stets Gegenstand kritischer Betrachtung gewesen. Erwin Jakobi hat schon in den zwanziger Jahren von einer rein privatrechtlichen Erklärung des Tarifvertrages, nämlich von einem kollektiven Schuldvertrag gesprochen[35]. Diese Bemühung um eine privatrechtliche Deutung des Tarifvertrages wurde auch in den letzten Jahren fortgeführt. Böttcher hat versucht, die unmittelbare und unabdingbare Wirkung der Tarifvertragsnormen als eine Folge der Unterworfenheit der einzelnen Vertragsparteien unter die privatrechtliche Gestaltungsmacht eines Dritten, der Tarifvertragsparteien, zu erklären[36]. Dürig vertritt andererseits die Meinung, daß es sich nicht um hoheitliches Recht handelt, sondern um Normen, die durch überlassene private Verbandsautonomie entstehen[37].

---
[29] Vgl. Art. 20, II GG.
[30] s. z. B. *Hugo Sinzheimer*, Ein Arbeitstarifgesetz, München und Leipzig 1916, S. 39: „Der Tarifvertrag will nicht nur ein Rechtsverhältnis, er will auch eine Rechtsquelle sein."
[31] Vgl. *Hueck/Nipperdey*, Lehrbuch des Arbeitsrechts, 7. Aufl. 1967, Bd. II, Hlbd. I, S. 339 ff., insbes. 346.
[32] So beispielsweise BAG AP Nr. 14 zu §§ 2 TVG, Nr. 4, 18 zu Art. 3 GG.
[33] *Hueck/Nipperdey*, II/1, S. 339 ff.
[34] *Hueck/Nipperdey*, S. 346.
[35] So *Jakobi*, Grundlehren des Arbeitsrechts, 1927, S. 246 ff.
[36] So *Böttcher*, Gestaltungsmacht und Unterwerfung im Privatrecht, Berlin 1964, S. 19 ff., insbes. 24.
[37] *Maunz/Dürig*, GG Art. I Abs. III Rdnr. 116.

§ 2 Zum Fehlen einer Tarifvertrags-Auslegungsmethode

Heftiger wurde die herrschende Lehre neuerdings von Ramm angegriffen[38]. Der Rechtsnormencharakter wird von ihm geleugnet und die Verbindlichkeit der Tarifvertragsbestimmungen wird dadurch erklärt, daß eine sozialrechtliche Vertretungsmacht der Gewerkschaften vorliegt[39]. Ramm vertritt die Differenzierungstheorie: Auf der einen Seite stehen beim Tarifvertragsabschluß die einzelnen Verbandsangehörigen — das sind die Arbeitgeber — als Parteien des Tarifvertrages neben dem tarifschließenden Verband; auf der anderen Seite steht die Gewerkschaft als Vertreter ihrer Mitglieder[40].

Im Gegensatz zu diesen Bestrebungen nach einer privatrechtlichen Deutung des Tarifvertrages wurde die Meinung unterstützt, der Tarifvertrag sei als ein öffentlich-rechtlicher Normenvertrag anzusehen[41]. Schließlich wird die Ansicht vertreten, daß der Tarifvertrag, trotz seiner Doppelnatur aus einem öffentlich-rechtlichen Normenvertrag und aus einem privatrechtlichen Verpflichtungsvertrag bestehe[42].

Die herrschende Normenvertragslehre steht insofern zwischen der rein rechtsgeschäftlichen Theorie, die den Tarifbestimmungen jeden Normencharakter abspricht, und der rein öffentlich-rechtlichen Annahme einer Rechtsverordnung. Sie faßt beide Elemente zusammen. Damit eröffnet sie das Problem der Einordnung des normativen Teils des Tarifvertrages in die Rechtsquellen; denn die etablierte Rechtsquellenlehre erkennt nur den staatlichen Gesetzen und Verordnungen die Eigenschaft der Rechtsquelle zu[43]. Es fragt sich m. a. W., ob durch einen Vertrag eine Rechtsquelle geschaffen werden kann[44]. Die herrschende Lehre bleibt an das Gesetz gebunden und befaßt sich nicht mit dem

---

[38] Ramm, JZ 1962, S. 78 ff.; ders., Die Parteien des Tarifvertrages, S. 84 ff.
[39] Ramm, JZ 1962, S. 78 ff.
[40] s. insbes. JZ 1962, S. 79; vgl. auch ders., JZ 1964, S. 494 ff.
[41] Vgl. etwa Huber, Wirtschaftsverwaltungsrecht II, S. 432.
[42] So z. B. Nikisch, Arbeitsrecht, Bd. II, S. 219.
[43] Vgl. Kelsen, Reine Rechtslehre. Mit einem Anhang: Das Problem der Gerechtigkeit, 2. Aufl. Wien 1960, S. 228 ff. Kelsen versteht den Normbegriff als eine verbindliche Regel menschlichen Verhaltens. Dadurch entsteht von Anfang an keine Kluft zwischen Gesetzesbestimmungen und Vertragsregeln.
[44] Die von Adomeit, RdA 1967, S. 300, vertretene Ansicht, staatliches Gesetz und privater Vertrag seien normlogisch in gleicher Weise rechtserzeugende Tatbestände, trotz ihrer logischen Konsequenz, gibt Anlaß zu Bedenken. Denn die Konstruktion einer Delegationskette, die mit der Verfassung beginnt und mit den Vertragsregeln endet, löst das Problem nicht. Vielmehr fragt es sich weiter, welchen Folgen man an die Verletzung einer „Vertragsnorm" anknüpft. Bleibt man bei dem Schluß von Adomeit, a.a.O.: „Auch der Vertrag schafft objektives, von den staatlichen Gerichten zu beachtendes Recht, auch der Vertrag ist Rechtsquelle" treu, muß man im Fall einer Verletzung von vertraglichen Verpflichtungen eine unerlaubte Handlung sehen und infolgedessen die Vorschriften der §§ 823 ff. BGB gelten lassen. Dann würde sich aber die Privatautonomie in einem privilegium odiosum des Bürgers umkehren. Die Vertragsparteien würden ständig der Gesetzwidrigkeit ausgesetzt sein.

weiteren theoretischen Problem. Das Tarifvertragsgesetz läßt die Tarifnormen unmittelbar und zwingend auf die einzelnen Arbeitsverhältnisse einwirken und spricht ausdrücklich von „Rechtsnormen"[45]. Darauf kommt es letzten Endes an und das scheint für die h. M. das entscheidende Kriterium zu sein. Diese Realität macht die weitere Auseinandersetzung mit dem Problem der normlogischen Identifizierung des Gesetzes mit dem privaten Vertrag überflüssig.

2. Würdigung und Stellungnahme

Die dargestellten abweichenden Theorien über die juristische Natur des Tarifvertrages, deren Kern die Deutung seines normativen Teils ist, zeigen deutlich, daß der Streit, der nach dem Ende des ersten Weltkrieges begann, sich noch heute fortsetzt[46]. Darüber hinaus machen sie vor allem das Konstruktionsbeharren deutlich, von dem das Rechtsdenken noch heute beherrscht wird. Denn obwohl jede Theorie etwas für sich hat, fällt dem kritischen Beobachter leicht auf, daß es sich vorwiegend um eine Frage der juristischen Konstruktion handelt. Der Versuch, den Tarifvertrag privat- oder öffentlich-rechtlich zu konstruieren, dient nur der herkömmlichen Unterscheidung zwischen privatem und öffentlichem Recht. Es ist nicht zu übersehen, daß jeder von diesen größeren Rechtskreisen von eigenen dogmatischen Prinzipien beherrscht wird und daß der eine von dem anderen noch heute weitgehend abgegrenzt wird. Einer nüchternen Betrachtung kann jedoch nicht entgehen, daß sich beide Rechtsgebiete in einem zunehmenden Annäherungsprozeß befinden. Die arbeitsrechtliche Disziplin stellt sich als ein frappantes Beispiel dafür dar. Aus dem Tarifvertragsgesetz läßt sich erkennen, daß der Tarifvertrag von seiner Entstehung her ein privatrechtlicher Vertrag ist; denn er wird abgeschlossen zwischen privatrechtlichen Parteien, in der privatrechtlichen Form des Vertrages und zur Regelung privater Rechtsverhältnisse. Was jedoch die Wirkung des Vertrages betrifft, mißt ihm der Gesetzgeber ein normatives Element bei. Das Arbeitsrecht trägt somit sehr starke Züge des öffentlichen Rechts, obwohl es kategorisch zu dem Privatrecht gehört. Dadurch vollzieht sich u. a. die verfassungsrechtliche Ermächtigung, nach welcher die Sozialpartner befugt sind, die Arbeits- und Wirtschaftsbedingungen ihrer Mitglieder zu wahren und zu fördern[47]. Von den Trägern des Arbeitsrechts — Staat durch Gesetz, Vertragspartner durch Vertrag, Betriebspartner durch Betriebsvereinbarung und Sozialpartner durch Tarifvertrag — erheben sich die letzten aus dem privatrechtlich-gesell-

---

[45] § 1 Abs. 1 TVG; vgl. auch *Siebert* in Festschrift Nipperdey 1955, S. 119 ff.
[46] Zu der Entwicklung des Streites vgl. statt aller *Hueck/Nipperdey*, Lehrbuch des Arbeitsrechts, 7. Aufl. 1967, Bd. II, Hlbd. I, S. 212, mit umfangreichen Nachweisen.
[47] Art. 9, III GG.

schaftlichen Bereich in den Rang quasi verfassungsrechtlich anerkannter öffentlicher Verbände[48].

Der verfassungsrechtliche Schutz der Koalitionsfreiheit[49] und die damit verbundene Übertragung hoheitlicher Kompetenzen auf die Koalitionen, hat dazu geführt, daß sie heute als Mitträger der Verfassungs- und Gesellschaftsordnung verstanden werden[50]. Die grundgesetzliche Anerkennung der Tarifautonomie und ihre Gestaltung durch das Tarifvertragsgesetz haben zu diesem Verständnis wesentlich beigetragen. Die von den Tarifpartnern abgeschlossenen Vereinbarungen wirken wie Rechtsnormen auf die Rechtsverhältnisse der Tarifunterworfenen ein (§ 4 Abs. 1 TVG). Sie werden als Mindestbedingungen Inhalt des einzelnen Vertrages; abweichende Vereinbarungen sind unwirksam, soweit sie nicht im Tarifvertrag zugelassen oder für die Arbeitnehmer günstiger sind (§ 4 Abs. 3 TVG). Auf Ansprüche aus tariflichen Rechten kann nur im Tarifvertrag verzichtet werden (§ 4 Abs. 4 TVG). Rück- und nachwirkende Kraft der Tarifnormen sind schließlich zulässig[51].

Betrachtet man all das nach privatrechtlichen Modellen, kann man zu keiner Erklärung gelangen. „Das Privatrecht liefert keinen Hebel zum Verständnis der Unabdingbarkeit und der unmittelbaren Einwirkung auf die Arbeitsverhältnisse der Tarifgebundenen[52]. Rechtstheoretische Unterscheidung von privatem und öffentlichem Recht können also kaum Hilfe anbieten zur Beantwortung der Frage nach der Legitimation der normativen Momente des Tarifvertrages. Die Antwort scheint nur aus der Verfassung gewonnen werden zu können. Nur wenn aus der Unterscheidung im grundgesetzlichen Sinne zwischen privatem und öffentlichem Recht ausgegangen wird, kann eine befriedigende Lösung gefunden werden."

II. Die Verbindung der Konstruktionskontroversen mit den überlieferten Methodenstreitigkeiten

1. *Der Tarifvertrag im Mittelpunkt des Gegensatzes von Gesetzes- und Vertragsauslegung*

Die theoretische Auseinandersetzung mit der juristischen Natur des Tarifvertrages führte zum Problem seiner hermeneutischen Behand-

---

[48] Vgl. *Scheuner*, RdA 1971, S. 330 ff.; *Säcker*, Gruppenautonomie und Übermachtkontrolle im Arbeitsrecht, S. 239, 242; *Lerche*, Verfassungsrechtliche Zentralfragen des Arbeitskampfes, 1968, S. 28 f.
[49] Art. 9, III GG.
[50] Dazu *Rüthers*, Das Recht der Gewerkschaften auf Information und Mitgliederwerbung im Betrieb, RdA 1968, S. 161, 167; *Biedenkopf* in: Duvernell, Koalitionsfreiheit und Tarifautonomie als Probleme der modernen Demokratie, 1968, S. 199 ff.
[51] So BAG, AP Nr. 6 zu § 1 TVG Rückwirkung (Anm. *Schnorr*); *Hueck/Nipperdey*, Lehrbuch, 7. Aufl. 1967, Bd. II, Hlbd. I, S. 402 ff.
[52] So *Säcker*, Gruppenautonomie, S. 247.

lung. Die herkömmliche Unterscheidung zwischen Vertrags- und Gesetzesauslegung war auf dem interpretatorischen Bereich das Korrelat der Differenzierung zwischen privatem und öffentlichem Recht. Sollte der Tarifvertrag privatrechtlich gedeutet werden, dann sollten die Regeln der Vertragsauslegung maßgebend sein. Sollte aber umgekehrt das normative Moment den Vorrang haben, dann waren die Grundsätze der Gesetzesauslegung anzuwenden.

Früher herrschte die Tendenz, die Regeln über die Vertragsauslegung als maßgebend anzusehen. Gemäß § 133 BGB war also der wirkliche Wille der Tarifparteien zu erforschen, ohne an dem buchstäblichen Sinne des Ausdrucks zu haften. Auf der anderen Seite mußte man gemäß § 157 BGB von den Grundsätzen von Treu und Glauben ausgehen und die Verkehrssitte berücksichtigen[53]. Es sollte infolgedessen in erster Linie der Wille der Sozialpartner entscheiden, der, von dem Fall der Allgemeinverbindlichkeitserklärung abgesehen, den Tarifvertrag erst zustande bringt[54].

Nach dieser Auffassung kommt nur der übereinstimmende Wille der Tarifparteien in Betracht. Der Wille einer einzelnen Tarifpartei kann nicht ausschlaggebend sein, wenn er sich nicht mit dem Willen der anderen Tarifpartei deckt. Es sei daher auch die Auslegung des Tarifvertrages durch die Tarifparteien und die von ihnen besonders dazu berufenen Tarifstellen zu berücksichtigen. Dieselbe Lehre macht uns jedoch auf eine authentische Interpretation durch die Tarifparteien aufmerksam, weil diese sehr oft tatsächlich eine Änderung gegenüber dem ursprünglichen Sinne des Tarifvertrages darstellt, die regelmäßig der Schriftform bedarf[55]. Als Mittel zur Erkenntnis des Parteiwillens sollten nicht zuletzt die zwischen den Parteien geführten Vorverhandlungen und die Entstehungsgeschichte des Tarifvertrages in Betracht kommen[56].

Die Rechtsprechung des RAG hat im Hinblick auf diese Methode betont, daß gegenüber einer solchen, auf den subjektiven Willen der Tarifparteien gestützten Auslegung die „objektive", sich aus dem Tarifvertragstext ergebende Auslegung den Vorzug haben müßte[57]. Der Wille der Tarifparteien könne nur dann und insoweit berücksichtigt werden, als er erklärt worden sei und diese Erklärung müsse nach den allgemein im Verkehr zwischen billig denkenden Menschen herrschenden Anschauungen verstanden werden. Dieser Grundsatz sei für Tarifverträge

---

[53] Vgl. *Molitor*, Kommentar zur Tarifvertragsordnung, Berlin 1930, Anhang III zu § 1, Bem. 1 - 3; *Herschel*, Die Auslegung von Tarifvertragsnormen, in Festschrift für Molitor, 1962, S. 178 ff.
[54] *Molitor*, Kommentar zur TVO § 1 III.
[55] *Molitor*, Kommentar zur TVO § 1 III.
[56] *Molitor*, TVO § 1 III.
[57] Vgl. RAG Bensheimer Sammlung 3 (1928), S. 198 ff.; RAGE 2, S. 235.

§ 2 Zum Fehlen einer Tarifvertrags-Auslegungsmethode

deshalb wichtig, weil sie nicht nur die Verhältnisse der Parteien regeln, wie andere Verträge, sondern, soweit sie normativen Charakter haben, auf die Arbeitsverträge der Tarifunterworfenen angewendet werden sollen. Diese sind nicht notwendig über den Willen der Tarifparteien unterrichtet und können sich daher nur nach dem Willen richten, der in dem Tarifvertrag auch einen Ausdruck gefunden hat[58]. Diese objektive Auslegung dürfte jedoch nicht dazu führen, daß sachlich unzweckmäßigen Bestimmungen ein anderer zweckmäßigerer Sinn beigelegt wird, als sich aus dem Tarifvertrag ergibt. Dies möge in gewissem Sinne dem Gesetze gegenüber angebracht sein, weil von dem Gesetzgeber vorausgesetzt wird, daß er nur eine zweckmäßige Regelung gewollt haben kann. Das dürfe aber nicht in gleicher Weise gegenüber Tarifverträgen gelten, die der autonomen Regelung der Tarifparteien entsprungen sind. Ihnen gegenüber sei der Richter keineswegs zur Berichtigung des Tarifvertrages berufen[59].

Für das heutige Recht herrscht unter der Führung Nipperdeys die Auffassung, daß nur die Regeln über die Gesetzesauslegung heranzuziehen seien[60]. Diese Lehre ist unabhängig davon, ob man das Institut des Tarifvertrages ausschließlich auf staatliche Ermächtigung zurückführt, oder ob man in ihm eine originäre Rechtsquelle sieht, die der Staat lediglich anerkennt[61]. Auch das BAG hat zu dem Problem der Auslegung tariflicher Normen Grundsätze angewendet, die am Charakter des Tarifrechts als objektiven Rechts orientiert sind; die Tarifvertragsnormen seien nach ständiger Rechtsprechung des BAG[62] Gesetze im materiellen Sinne und daher nach den Prinzipien der Gesetzesauslegung zu interpretieren.

Die oben erwähnten Meinungen stehen in bezug auf die zu befolgende Auslegungsmethode diametral gegenüber. Etwas haben sie allerdings gemeinsam. Sie betrachten den Tarifvertrag überwiegend als einen einheitlichen Vertrag. Die Tatsache, daß er aus einem normativen und einem schuldrechtlichen Teil besteht ist kein Hindernis, ihn als ein Ganzes anzusehen. Der Tarifvertrag enthält, nach der Formulierung Herschels „einen Vertrag als Körper und ein Gesetz als Seele; er ist eine Einheit in der Vielfalt"[63].

Die Zusammenfassung von Vertrag und Gesetz in einem Ganzen hat jedoch nicht zu einer einheitlichen interpretatorischen Behandlung geführt. Das gilt vorwiegend für die herrschende Lehre, die, trotz der

---

[58] RAGE 2, S. 235; *Molitor*, TVO § 1 III.
[59] Vgl. *Molitor*, TVO § 1 III, 1 - 3.
[60] Vgl. *Hueck/Nipperdey*, S. 356.
[61] So *Herschel* in Festschrift Molitor, S. 179.
[62] Vgl. aus der älteren Rechtsprechung BAGE 1963, S. 135; aus der neueren Rechtsprechung grundlegend BAG, AP Nr. 117 zu § 1 TVG Auslegung.
[63] *Herschel* in Festschrift Molitor, S. 178.

Kombination beider Elemente — normativen und obligatorischen — bei der Auslegung des Tarifvertrages zwischen normativem und schuldrechtlichem Teil stark unterscheidet[64]. Die abweichende interpretatorische Behandlung von Vertrag und Gesetz findet ihren Niederschlag bei dieser Differenzierung. Der Tarifvertrag steht somit im Mittelpunkt des Methodenstreits über Vertrags- und Gesetzesauslegung. Die Betrachtung der Entwicklung dieses Streites und der Vertrags- und Gesetzesauslegung ist für das Thema der vorliegenden Arbeit insofern interessant, als dadurch festgestellt werden kann, ob die Ergebnisse der unterschiedlich operierenden Methoden für die hermeneutische Behandlung des Tarifvertrages, der die Züge von Gesetz und Vertrag trägt, fruchtbar sein können. Eine kurze Darstellung der Methodenstreitigkeiten wäre infolgedessen nicht überflüssig.

2. Die Entwicklung der Methodenstreitigkeiten

Es ist ein Verdienst der Rechtswissenschaft des vorigen Jahrhunderts, parallel zu der Entwicklung der Dogmatik der verschiedenen Rechtsdisziplinen, die methodologische Problematik eingehend erforscht zu haben. Die letzte entwickelte sich freilich aufgrund und im Rahmen des damaligen Rechtsdenkens, das aus der liberal-individualistischen Konzeption des 18. und 19. Jahrhunderts ausging.

Der Anbruch des zwanzigsten Jahrhunderts hat das deutsche bürgerliche Gesetzbuch ins Leben gerufen.

Das Inkrafttreten des BGB am 1. 1. 1900 ist nicht als ein chronologischer Zufall anzusehen. Die Wende des Jahrhunderts deutete zugleich den Wandel der rechtspolitischen Anschauungen. Die Rivalität zwischen den rechtsphilosophischen Grundlagen des BGB, die von der Pandektenwissenschaft des 19. Jahrhunderts über die Philosophie Kants auf die Errungenschaften der Naturrechtslehre des siebzehnten Jahrhunderts zurückgreifen[65] und den neuen rechtspolitischen Einsichten projizierte sich u. a. in den mit dem Inkrafttreten des BGB eröffneten Methodenstreit. Der Standpunkt der historischen Rechtsschule, die das Recht als ein aus dem gesellschaftlichen Rechtsdenken stammendes Gebilde verstand[66], als einem Ausdruck der geistig-geschichtlichen Volksindividualität, und die entgegengesetzte Auffassung der Interessenjurisprudenz, die durch die Hinwendung zu der Sozialbezogenheit des Rechts dieses

---

[64] So *Hueck/Nipperdey*, S. 356 ff.
[65] Insbes. auf die Werke von *Grotius*, De jure belli ac pacis libri tres, und *Pufendorf*, De jure naturae et gentium libri VIII; vgl. auch *Coing*, Kant und die Rechtswissenschaft, Frankfurter Universitätsreden Bd. 12, S. 34 ff.
[66] So z. B. *Savigny*, System des heutigen Römischen Rechts I, Berlin 1840, § 5, S. 9 ff.; vgl. auch *Rüthers*, Die unbegrenzte Auslegung. Zum Wandel der Privatrechtsordnung im Nationalsozialismus, S. 280; *Hedemann*, Die Flucht in die Generalkausel, 1933.

§ 2 Zum Fehlen einer Tarifvertrags-Auslegungsmethode   27

als eine Resultante der gesellschaftlichen Interessengegensätze konzipierte, haben dieser Rivalität die Merkmale des Kampfes gegeben[67].

Der Versuch der Interessenjurisprudenz, die Kluft zwischen Norm und Wirklichkeit zu überbrücken, und die Betonung des Primats der Lebensforschung und Lebenswertung hatte den tieferen Sinn, die juristische Methodenlehre von der Rechtsphilosophie unabhängig zu machen und sie zu einer Methode der praktischen Rechtsanwendung zu entwickeln[68]. Rechtsphilosophische Fragen und weltanschauliche Vorstellungen mußten deshalb dahingestellt bleiben. Die Verankerung der Praxis an einem philosophischen System, um aus ihm Antworten auf Entscheidungsfragen zu gewinnen, erschien als Utopie[69]. Vielmehr sollten die Vorstellungen des Gesetzgebers festgestellt und befolgt werden. Umgekehrt versuchte die historische Rechtsschule ein rechtsphilosophisches Fundament für die richterliche Entscheidung zu finden. Sie warf der Interessenjurisprudenz vor, sie sei ein philosophischer Positivismus[70]. Sie demonstrierte dagegen die Eigenständigkeit des Gesetzes gegenüber dem Gesetzgeber und sie räumte dem Richter die Möglichkeit ein, das Gesetz an die jeweils herrschenden weltanschaulichen Wertungen anzupassen, ohne besondere Berücksichtigung der gesetzgeberischen Gebotsvorstellungen. Sie verlangte von ihm in diesem Fall keine Begründung und sie unterwarf seine Entscheidung keiner Nachprüfung[71].

Der Methodenstreit hat in den verschiedenen Epochen mehrere Ausdrücke, Anhänger und Ausschläge gefunden[72]. Seine Entwicklung wurde durch den jeweiligen Wechsel der gesellschaftspolitischen Verhältnisse geprägt[73]. Auf den Auslegungsbereich übertragen, führte dieser Streit zu einem Methodendualismus. Friedrich Carl von Savigny hat den Zweck der Auslegung als „den in dem toten Buchstaben niedergelegten lebendigen Gedanken vor unserer Betrachtung wieder erstehen zu lassen" erfaßt[74]. Das Verfahren zur Erreichung dieses Zieles sollte jedoch unterschiedlich sein, bedingt durch den Gegenstand der Auslegung. Im Falle eines Gesetzes sollte man sich nach Wortlaut, Ge-

---

[67] Zu diesem Konflikt, der seine Verschärfung in den Zeiten der Wandlung des politischen Denkens fand, vgl. statt aller *Rüthers*, Die unbegrenzte Auslegung, insbes. S. 272 ff.
[68] *Rüthers*, Auslegung, S. 272 ff.
[69] *Rüthers*, Auslegung, S. 272 ff.
[70] *Rüthers*, Auslegung, S. 272.
[71] Die Nachprüfung soll hier freilich nicht im strengsten prozessualistischen Sinne verstanden werden. Denn die Nachprüfbarkeit der richterlichen Entscheidung durch das Revisionsgericht gab es immer. Vielmehr soll die Nachprüfung in diesem Zusammenhang vorderrangig unter dem Blickwinkel der Methodenklarheit gesehen werden; vgl. im übrigen *Rüthers*, Auslegung, S. 182.
[72] Zu der historischen Entwicklung des Methodenproblems s. *Larenz*, Methodenlehre der Rechtswissenschaft, 2. Aufl. 1969, S. 9 ff.
[73] Dazu statt aller *Rüthers*, Auslegung, S. 182 f.
[74] System II, S. 244, Obligationsrecht II, S. 189.

schichte, Logik und Systematik orientieren, indem man das Gesetz als eine eigene Existenz betrachtete[75]. Einen Vertrag müsse man dagegen nach dem wirklichen Willen der Parteien interpretieren[76]. Das Rechtsgeschäft bleibe also überwiegend vom Willen der Erklärenden abhängig, während das Gesetz Selbständigkeit gegenüber seinen Kreatoren erlange.

a) Die Gesetzesauslegung

Der Streit zwischen der sogenannten subjektiven Theorie (oder Willenstheorie) und der objektiven (oder der Theorie der immanenten Gesetzesdeutung)[77] hat verschiedene Stadien durchlaufen und unterschiedliche Ausdrücke gefunden[78]. Der „normative Gesetzessinn", m. a. W. der dem Gesetz innewohnende vernünftige Sinn[79], oder der „Wille des Gesetzes[80] sind repräsentative Schlagworte, denen sich die objektive Theorie öfter bedient hat. Die subjektive Theorie ist dagegen von den Vorstellungen des Gesetzgebers ausgegangen und insbesondere von der von ihm getroffenen Interessenabwägung. Phillip Heck hat sie als die den Lebensinteressen am besten entsprechende Form der Gesetzesauslegung zuerst vertreten und zugleich betont, daß sie keine rein subjektive sein sollte[81].

Die objektive oder normative Theorie konzentriert sich vornehmlich auf den Wortlaut des Gesetzes. Damit schließt sie die Gefahr ein, daß der Auslegende an die Wortinterpretation zu stark gebunden bleibt[82]. Tut er das nicht, so besteht wieder die Gefahr, daß er die Wertmaßstäbe des Gesetzgebers durch seine eigene ersetzt[83]. Die „Bezogenheit" des Gesetzes auf die gesamte Rechtsordnung, mit der man diese Gefahr zu verharmlosen versuchte[84], kann wegen der Abstraktheit des Begriffes

---

[75] *Savigny*, System, Bd. III, S. 244.
[76] *Savigny*, System, Bd. III, S. 244.
[77] So *Larenz*, Methodenlehre der Rechtswissenschaft, 2. Aufl. 1969, S. 296 ff.
[78] Die Literatur zu den Fragen der Gesetzesauslegung ist fast unübersehbar; sie zu bewältigen und lückenlos darzustellen wäre ein Versuch, der an der Begrenztheit einer Dissertation scheitern müßte. Es wird deshalb vorgezogen, an das umfangreiche Werk von *Säcker*, Gruppenautonomie und Übermachtkontrolle im Arbeitsrecht, Berlin 1972, und seine zahlreichen Nachweise hinzuweisen (insbes. S. 55 ff., S. 157 ff.), wo diese Literatur in mehrseitigen Fußnoten dargestellt wird; vgl. *ders.*, Grundprobleme der kollektiven Koalitionsfreiheit, 1969, S. 104 ff., ebenfalls in Fußnoten.
[79] So *Larenz*, Methodenlehre, S. 269 f.
[80] *Larenz*, Methodenlehre, S. 269 f., der zugleich hervorhebt, daß die objektive Theorie nicht daran vorbei kommen kann, daß das Gesetz als ein in die Zeit eingetretenes Menschenwerk die Züge dessen trägt, der es geschaffen hat; vgl. auch *Flume*, Das Rechtsgeschäft, 1955, S. 292.
[81] *Philipp Heck*, Gesetzesauslegung und Interessenjurisprudenz, AcP 112, S. 48 f.
[82] Vgl. *Brox*, Fragen der rechtsgeschäftlichen Privatautonomie, JZ 1966, S. 76 ff.; *ders.*, Die Einschränkung der Irrtumsanfechtung, 1960, S. 101 ff.
[83] *Brox*, JZ 1966, S. 763.
[84] So *Flume*, Das Rechtsgeschäft, 1965, S. 297.

§ 2 Zum Fehlen einer Tarifvertrags-Auslegungsmethode 29

keine wesentliche Hilfe leisten[85]. Deshalb wird auch das systematische Element zum größten Teil entkräftet[86], mit der Folge, daß der Interpret entweder nicht über den Text des Gesetzes hinausgelangen kann, oder daß er eine ganz persönlich-subjektive Auslegung unternimmt[87]. Diese Gefahr wird nicht etwa durch das historische Element beseitigt werden können, weil damit lediglich der vor dem Erlaß des Gesetzes bestehende Rechtszustand verstanden wird, ohne Berücksichtigung der Entstehungsgeschichte, der im Gesetzgebungsverfahren hervorgetretenen Erwägungen und der Wertvorstellungen des Gesetzgebers[88].

Dieser letzte Faktor hat Anstoß zu einem großen Mißverständnis gegeben. Die Berücksichtigung der Wertentscheidungen des Gesetzgebers wurde nämlich als eine Hinterlassenschaft des Absolutismus interpretiert, indem man sie als den psychologischen Willen der am Gesetzgebungsverfahren beteiligten Personen verstanden und deshalb als eine neue Form des Gesetzespositivismus begriffen hat[89]. Solche Interpretationen sind jedoch nicht gerechtfertigt. Die historische Auslegung soll vielmehr als ein Prozeß zur Ermittlung der Interessenbewertung des Gesetzgebers verstanden, und von dort aus zur Gestaltung der objektiven Interessenlage, die der Gesetzgeber vor Augen gehabt hat, begriffen werden[90].

So verstanden, entspricht die historische Auslegung den Bestimmungen der Artikel 20 Abs. 3, 97 GG, nach welchen der Rechtsanwender bei der Auslegung an die Rechtsvorstellungen des Gesetzgebers gebunden ist[91]. Denn die Bindung des Richters an das Gesetz kann nur bedeuten, daß er die Gebotsvorstellungen des Gesetzgebers unter Verwendung aller erreichbaren Quellen zu erforschen und seiner Gesetzesanwendung zugrunde zu legen hat[92]. Damit wird zugleich eine maximale Klarheit der Wertungsmaßstäbe und der eventuellen Wertungswidersprüche erreicht[93]. Der Richter kann also bewußt und konsequent den Auslegungsprozeß durchführen und zugleich das Recht ergänzen und fortbilden. Die objektive Methode betrachtet dagegen das Gesetz je nach den in der Gesellschaft bestehenden Wertvorstellungen, selbst wenn der Gesetzgeber von ganz anderen Situationen ausgegangen ist[94]. Sie betrachtet damit die Verwirklichung des Rechtsgedankens nicht als einen dynami-

---

[85] *Brox*, JZ 1966, S. 763.
[86] *Brox*, JZ 1966, S. 763.
[87] *Brox*, JZ 1966, S. 763 f.
[88] *Brox*, JZ 1966, S. 763 f.
[89] So die Ansicht *de Boors* in Festschrift für Hans Niedermeyer, S. 34 - 35.
[90] *Heck*, AcP 112, S. 8 ff.; *Brox*, Die Einschränkung der Irrtumsanfechtung, S. 104.
[91] *Brox*, JZ 1966, S. 764.
[92] *Brox*, JZ 1966, S. 764.
[93] Vgl. *Rüthers*, Die unbegrenzte Auslegung, S. 182.
[94] *Rüthers*, Auslegung, S. 182.

schen Prozeß; vielmehr erschöpft sie sich oft in einer dem Zufall überlassenen Vermutung der jeweiligen gegenwärtigen Wertvorstellungen[95]. Abgesehen von der Gefahr, die eine solche Einstellung in sich birgt, und die auf die Person dessen bezogen ist, der die jeweiligen Wertvorstellungen bestimmt, ist die Kluft zwischen dem Ausgangspunkt des Gesetzgebers und der Anwendung des Gesetzes öfter so kraß, daß sie auf weitere Sicht eine unheilbare Lücke im Rechtsbewußtsein verursachen kann.

Die historisch-teleologische Methode versucht dagegen, mit größerer methodischer Differenziertheit (die in diesem Zusammenhang der Klarheit gleichzustellen ist)[96] das Gesetz an veränderte Wertvorstellungen anzupassen. Sie verlangt von dem Richter, daß er begründet, warum er von dem Willen des Gesetzgebers abweicht[97]. Die historisch-teleologische Methode also erkennt; die objektive dagegen vermutet[98].

Die Nachkriegsentwicklung dieser Auslegungsstreitigkeiten war zunächst durch eine zahlmäßige Überlegenheit der „objektiven" Theorie charakterisiert[99]. Diese wurde jedoch im Laufe der Zeit durch die Ausführungen ihrer eigenen Verfechter durchlöchert und sieht heute wie ein Mosaik abweichender Auffassungen und Richtungen aus[100]. Die Erkenntnis, daß sie ohne ihre Stütze auf die geisteswissenschaftliche Hermeneutik unhaltbar ist[101], und daß die sozialpolitischen Gesichtspunkte andererseits nicht mehr unberücksichtigt bleiben können, gab den Anlaß zu dieser Krise. Von der sozialwissenschaftlichen Methodenlehre Karl Larenz's bis zu der „Wahrheit und Methode" Hans-Georg Gadamers wird der Versuch nach einer Identifizierung der geisteswissenschaftlichen und der juristischen Hermeneutik deutlich[102]. Dieser Versuch vermag heute nicht zu überzeugen. Das Unvermögen der Rechtsprechung, methodisch widerspruchsfreie Lösungen zu finden, und die Anforderungen der modernen Rechtsfindung[103] bieten m. E. den besten Beweis dafür, daß die Auslegung nicht im intellektuellen Bereich schwe-

---

[95] *Rüthers*, Auslegung, S. 182.
[96] Vgl. *Rüthers*, Auslegung, S. 182.
[97] *Rüthers*, Auslegung, S. 182.
[98] *Rüthers*, Auslegung, S. 182.
[99] Vgl. z. B. *Siebert*, Die Methode der Gesetzesauslegung, 1958, S. 39 f.; *Jesch*, JZ 1963, S. 244; BGH v. 31. 1. 1952, BGHZ 4, S. 375.
[100] So z. B. die klassische Andeutungstheorie und die Entstehung der modifizierten Andeutungstheorie, vgl. weiter unten, § 2 C II 2c; vgl. auch *Larenz*, Methodenlehre, S. 303 f., 369 f.; *Canaris*, Die Feststellung von Lücken im Gesetz, 1964, S. 19 ff.; *ders.*, Systemdenken und Systembegriff in der Jurisprudenz, 1969, S. 91 f.; *Engisch*, Einführung in das juristische Denken, 4. Aufl. 1968, S. 82 ff.
[101] Vgl. *Säcker*, DB 1967, S. 2028 ff.; *ders.*, Gruppenautonomie, S. 157 ff.
[102] So statt aller *Gadamer*, Wahrheit und Methode, 2. Aufl. 1965, S. 307 - 309.
[103] s. dazu *Esser*, Vorverständnis und Methodenwahl in der Rechtsfindung, 1971, S. 9 ff.; *ders.*, Grundsatz und Norm in der richterlichen Fortbildung des Privatrechts, 2. Aufl. 1964, S. 178, Fußn. 160; vgl. auch *Rüthers*, Die unbe-

ben kann, sondern eher gesellschaftsbezogen sein muß. Wenn Gadamer die applikatorische Aufgabe des Auslegers hervorhebt („die Leistung produktiver Rechtsergänzung")[104] und auf der anderen Seite die Vorhersehbarkeit der richterlichen Urteilsbildung durch die Kenntnis der bestehenden Gesetze begründet[105], so kann man mit den Worten von Simitis antworten: „Die Rechtsanwendung ist die Subsumtion einer unendlichen Zahl von Fällen unter eine endliche Zahl von Normen[106]." Dieses Mißverhältnis zwischen Geregeltem und Regelungsbedürftigem kann zwar nur durch eine „produktive" richterliche Rechtsfindung behoben werden. Zu diesem Zweck muß allerdings der Rechtsanwender „die logische und teleologische Expansionskraft des Gesetzes"[107] in unmittelbarer Verbindung mit der vom Gesetzgeber beabsichtigten Regelung der von ihm erkannten Sachverhaltstypen prüfen. Die objektive Theorie bleibt jedoch bei ihrer Konzeption der Auslegung als sinnvollen Verstehens und versucht durch Argumente wie etwa „das Gesetz kann klüger sein als die, die es schufen" zu einer Sammlung und Wiederherstellung des Sinnes zu gelangen[108].

Die neue Fassung der Andeutungstheorie, d. h. der Theorie des erkennbar zum Ausdruck kommenden Willens des Gesetzgebers, gibt dem Richter die Möglichkeit, die Grenzen des Wortsinnes zu überschreiten und im Rahmen der Rechtsfindung und Rechtsfortbildung das Gesetz über den Wortlaut hinaus zu interpretieren. Sie vermag jedoch zu keinem theoretisch befriedigenden Ergebnis zu führen[109]. Für sie ist der Wortlaut des Gesetzes das einzige Auslegungskriterium. Dieser allein kann jedoch keine sichere Grenze der Auslegung von der Rechtsfortbildung ziehen[110]. Die Betonung der subjektiven Anschauungen des Normenautors, die der Normsatz trägt, ist dagegen das Verdienst der historisch-teleologisch orientierten Auslegungsmethode. Sie bietet größere methodische Konsequenz, klares Auslegungsverfahren und vor allem Auslegungsbewußtsein. Ihr Ziel ist die Erkenntnis des wahren Willens des Gesetzgebers und nicht die Suche nach dem unzugänglichen psychologischen Willen der an der Gesetzgebung beteiligten Personen[111].

---

grenzte Auslegung, S. 464 ff.; *ders.*, Institutionelles Rechtsdenken im Wandel der Verfassungsepochen, Berlin 1970, S. 55 ff.; *Säcker*, Gruppenautonomie, S. 55 ff.
[104] *Gadamer*, S. 307 - 309; vgl. *Fuss*, Zur richterlichen Prüfung von Gesetz und Gesetzanwendung, Festschrift Schack 1966, S. 11 ff.; *Reinhard/Koenig*, Richter und Rechtsfindung, 1957; *Zippelius*, NJW 1964, S. 1981; *ders.*, Einf. in die juristische Methodenlehre, München 1971.
[105] *Gadamer*, Wahrheit und Methode, S. 307 - 309.
[106] *Sp. Simitis*, Zum Problem einer juristischen Logik, Ratio 1960, S. 52.
[107] *Gadamer*, S. 307 - 309.
[108] *Gadamer*, S. 309 ff.
[109] Dazu *Säcker*, Gruppenautonomie, S. 158, Fußn. 8; *ders.*, Grundprobleme der kollektiven Koalitionsfreiheit, S. 108, Fußn. 250.
[110] Vgl. *Säcker*, Grundprobleme, S. 108.
[111] Vgl. *Säcker*, Grundprobleme, S. 108.

Gelingt dieser Ermittlungsprozeß nicht, so ist der Richter befugt, den hypothetischen Willen zu erforschen. Er hat zu suchen, wie der Gesetzgeber gedacht hätte, wenn er die Regelungsbedürftigkeit des vorgekommenen Falles ersehen und entschieden hätte.

Der zum Ausdruck gekommene Wille des Gesetzgebers bleibt also nur ein Erkenntnismittel und besagt allein gar nichts über die im Normsatz enthaltenen Wertungen, z. B. im Falle eines dem Gesetzgeber unterlaufenen Versehens. Die pauschale Ablehnung des Grundsatzes „falsa demonstratio non nocet" für die Gesetzesauslegung ist also für die vom gesetzgeberischen Willen ausgehende Methode nicht nötig[112]. Diese macht also einen entscheidenden Schritt zur Harmonisierung des Zieles und der Methodik der Rechtsgeschäfts- und der Gesetzesauslegung.

b) Die Auslegung des Rechtsgeschäfts

Bei der Rechtsgeschäftsauslegung herrscht, im Gegensatz zu der Gesetzesauslegung, weitgehend Übereinstimmung, daß es sich hier um die Erforschung des Willens der Erklärenden handelt[113]. Der Begriff der Willenserklärung tritt in den Vordergrund und der hinter der Erklärung versteckte Wille ist Gegenstand der Auslegung. Für die Vertreter der objektiven Theorie ist das von besonderer Bedeutung: Das Rechtsgeschäft soll, anders als das Gesetz, nicht normativ, sondern nach dem tatsächlichen Willen der Parteien ausgelegt werden. Gemeint ist der übereinstimmende Wille[114]. Eine davon abweichende Meinung spricht nicht vom Willen, sondern vom tatsächlichen Verständnis der an der Vornahme des Rechtsgeschäfts Beteiligten[115]. Erst wenn sich nicht ermitteln lasse, in welchem tatsächlichen Verständnis die Erklärung gesetzt sei, oder wenn feststehe, daß die an der Willenserklärung Beteiligten sich nicht in einem korrespondierenden Verständnis befunden haben, sei bei der rechtsgeschäftlichen Erklärung Raum für die normative Auslegung[116]. Die normative Auslegung des Rechtsgeschäfts operiert jedoch nicht wie bei Gesetzen. Außer dem grammatischen und dem logischen Element, die vorbehaltlos verwendet werden können, kann das systematische Element nur unter Umständen von Bedeutung sein[117], während das historische Element nur dann verwertbar sein kann, wenn die auszulegende rechtsgeschäftliche Erklärung im Hinblick auf eine zwischen den Beteiligten bereits bestehende Regelung getroffen worden ist[118].

---

[112] *Säcker*, Gruppenautonomie, S. 157, Fußn. 5.
[113] *Enneccerus/Nipperdey*, Allg. Teil, § 166 IV, mit weiteren Nachweisen.
[114] Vgl. *Enneccerus/Nipperdey*, § 166 IV.
[115] So *Flume*, Das Rechtsgeschäft, S. 302.
[116] *Flume*, S. 302.
[117] An seiner Stelle sollen die Umstände der rechtsgeschäftlichen Erklärung treten, die „als bloße Faktizität der Erklärung ihren Sinn verleihen", *Flume*, S. 310; vgl. auch *Brox*, JZ 1966, S. 764.

§ 2 Zum Fehlen einer Tarifvertrags-Auslegungsmethode

Die Erforschung des realen Willens des Erklärenden scheint für die subjektive Auslegungsmethode eine Selbstverständlichkeit zu sein. Sie geht allerdings an der Bipolarität von Willens- und Vertrauensschutz nicht vorbei. Jeder Vertrag stellt einen Interessenkompromiß dar. Die Auslegung hat diesen Kompromiß mit den von den Parteien vertretenen Interessen auszugleichen[119].

Nach § 157 BGB sind Verträge so auszulegen, wie Treu und Glauben mit Rücksicht auf die Verkehrssitte es erfordern. Damit setzt § 157 BGB den Grundsatz des Vertrauensschutzes fest. Nach der berühmten Formulierung des RG muß jeder seine Erklärung so gegen sich gelten lassen, wie sie von einem unbefangenen und vernünftigen Erklärungsempfänger nach Treu und Glauben und nach der Verkehrssitte verstanden werden darf[120].

Das Vertrauensschutzprinzip, das aus dem vorgenannten Paragraphen des BGB herzuleiten ist, steht prima facie im Widerspruch zum § 133 BGB, der die Prävalenz des Willens proklamiert. Es wurde lange diskutiert, ob ein Rangverhältnis zwischen beiden Vorschriften besteht und bejahendenfalls welche den Vorrang haben sollte[121]. Die Besonderheit jedes Auslegungsfalles verlangt, daß jeweils nach den besonderen Umständen das eine oder das andere Prinzip (Willensforschung-Vertrauensschutz) in Vordergrund tritt. Es kann also durchaus sein, daß die Auslegung im einzelnen Fall allein nach § 133 oder § 157 BGB folgt[122]. Die Tendenz geht heute im allgemeinen dahin, daß § 157 BGB das Übergewicht hat, nachdem die Entwicklung des Wirtschaftslebens den Schutz des Einzelnen notwendig gemacht hat[123]. Es wäre jedoch falsch, wenn das Gesetz so interpretiert worden wäre, als ob ein festes Rangverhältnis zwischen beiden Paragraphen bestünde. Vielmehr sollen beide verstanden werden als zwei Aspekte des Willenserklärungsverständnisses: des Instruments zur privatautonomen Lebensgestaltung und der

---

[118] So auch *Brox*, JZ 1966, S. 764.
[119] s. *Enneccerus/Nipperdey*, § 164 II 3; *Brox*, Die Einschränkung der Irrtumsanfechtung, S. 49, 106.
[120] Dieser Appell an den „reasonable man" führt zu einem Kompromiß zwischen der liberalen, privatautonomiefreundlichen Willenstheorie und der sozialen, verkehrsschutzfreundlichen Erklärungstheorie. Zu diesem Streit s. für die Willenstheorie *Savigny*, System, Bd. III, 1840, S. 263 ff.; *Windscheid*, AcP 63 (1880), S. 72. — Zu der Erklärungstheorie von der moderneren Literatur vgl. *Larenz*, Die Methode der Auslegung des Rechtsgeschäfts, 1930 (Neudruck 1966, S. 34, 58 ff.), wo er allerdings sich zu der Geltungstheorie bekennt; vgl. auch zu dem Streit *Flume*, Das Rechtsgeschäft, S. 54 ff.
[121] Vgl. oben Fußn. 120.
[122] Das war auch der Ausgangspunkt des Gesetzgebers des BGB, Protokolle, Bd. I, S. 94 ff.
[123] Insofern ist von dem traditionellen Verständnis der Willenserklärung als Selbstbestimmungsakte der autonomen Person gewissermaßen Abschied genommen worden; vgl. die zutreffende Analyse von *Säcker*, in, Gruppenautonomie, S. 161 ff. mit umfangreichen Nachweisen.

Berücksichtigung der gesellschaftlichen Anschauungen. §§ 133 und 157 BGB verkörpern also zwei prinzipiell gleichwertige Betrachtungsweisen desselben Gegenstandes. Die in §§ 133 und 157 BGB zum Ausdruck kommenden Auslegungsprinzipien stehen in einem Komplementärverhältnis der gegenseitigen Ergänzung und Modifizierung[124].

c) Die allgemeinen Interpretationskriterien und ihre Anwendbarkeit auf die Rechtsgeschäfte mit einer Vielzahl von Adressaten

Die dem Rechtsanwender zur Verfügung stehenden Interpretationsmittel sind, nach überlieferter Lehre[125] das grammatische, das logisch-systematische und das historisch-teleologische. Diese Interpretationskriterien stehen immer noch im Vordergrund, abgesehen davon, was man unter ihnen verstanden hat und versteht[126].

Der Gesetzgeber des bürgerlichen Gesetzbuches hat diese Kriterien nicht im einzelnen geregelt, sondern er hat in zwei allgemeinen Vorschriften das zum Ausdruck gebracht, worum sich, seiner Überzeugung nach, die Interpretationslehre bzw. -problematik dreht (Wille — Verkehrssicherheit).

Die Verfasser des BGB haben es vorgezogen, keine Auslegungsregeln einzuführen und begründeten dies folgendermaßen: „Solche Vorschriften sind im wesentlichen Denkregeln ohne positivrechtlichen Gehalt; der Richter erhält Belehrungen über praktische Logik. Dabei liegt die Gefahr nahe, daß die Vorschriften für wirkliche Rechtssätze genommen werden und daß der Sinn des gesprochenen Wortes als die Hauptrichtschnur behandelt wird, von der nur insoweit abgewichen werden dürfe, als das Gesetz dies besonders erlaubt habe, während doch die Aufzählung aller möglicherweise maßgebenden Umstände geradezu ausgeschlossen ist[127]."

In diesem Sinne sind die §§ 133, 157 BGB sich gegenseitig ergänzende Vorschriften, in Ermangelung deren die Auslegung auf dieselbe Weise hätte unternommen werden müssen[128].

---

[124] „Vertrauens- und Willensschutz müssen im Rahmen einer einheitlichen Vertragslehre gegeneinander abgewogen werden. De lege lata kann weder der Gedanke des Vertrauensschutzes noch der Gedanke des Willensschutzes als übergreifender Geltungsgrund der Willenserklärung angesehen werden"; *Säcker*, Gruppenautonomie, S. 174.

[125] Die Auslegungskriterien gehen auf *Savigny* zurück, System des heutigen römischen Rechts, I, S. 206, 213 ff.

[126] Vgl. die Darstellung der Lehre von den Elementen der Auslegung bei *Kriele*, Theorie der Rechtsgewinnung, 1967, S. 41 ff. Zum heutigen Meinungsstand unter Berücksichtigung der sozialwissenschaftlichen Erkenntnisse s. *Schwerdtner*, Rechtswissenschaft und kritischer Rationalismus, in Rechtstheorie, 2. Band, Heft I, S. 67 ff.

[127] Mot. I, 155 (MUGDAN) I, 437.

§ 2 Zum Fehlen einer Tarifvertrags-Auslegungsmethode

Da der Gesetzgeber die Auslegungskriterien nicht systematisch geregelt hat, weil er sie nicht regeln wollte, fragt es sich ob überhaupt ein festes Rangverhältnis unter ihnen besteht bzw. bestehen soll. Zwar ist es etwas Natürliches und Handgreifliches, daß jeder Satz, jede Erklärung ihrem Wortsinn nach verstanden wird und jede Auslegung vom Wortlaut ausgeht[129]. Der Umstand jedoch, daß sehr wenige Begriffe eindeutig sind, die von dem Gesetzgeber oder von Privaten gebraucht werden, und ferner, daß die Entscheidung über die Eindeutigkeit einer Äußerung ihre Auslegung voraussetzt[130], spricht dafür, daß das Auslegungsziel nur nach Abwägung aller Auslegungsgesichtspunkte erreicht werden kann und nicht durch die punktuelle Verwendung einzelner Auslegungsmittel[131].

„Bei der Auslegung einer Willenserklärung ist der wirkliche Wille zu erforschen, und nicht an dem buchstäblichen Sinne des Ausdrucks zu haften" (133 BGB). Das gilt im Prinzip sowohl für privatrechtliche Willenserklärungen als auch für Gesetze[132]. Bei der Anwendung dieses Satzes muß jedoch Rücksicht auf das Vertrauen des Erklärungsempfängers genommen werden. Dies ist besonders dann geboten, wenn sich die Willenserklärung an eine Vielzahl von Adressaten wendet (wie z. B. das Gesetz).

Diese Vorschrift des BGB gab Anstoß zu unterschiedlichen Auslegungskonstruktionen[133]. Sie hat den schon vorher bestehenden Methodenstreit fortgesetzt.

Trotz des an sich „eindeutigen" Wortlauts des gesetzlichen Auslegungsgrundsatzes ist sein Inhalt stets verschieden verstanden worden. Die vom Gesetzgeber angestrebte Fixierung der Relation Wille-Text bzw. Ausdruck ist in der Praxis umgekehrt worden. Der Vorrang, den der Wille des Erklärenden nach den Vorstellungen des Gesetzgebers genießen sollte, ist praktisch unberücksichtigt geblieben. § 133 BGB

---

[128] *Flume*, Allg. Teil, II. Das Rechtsgeschäft, § 16, 3, S. 308.
[129] *Soergel/Siebert/Schmidt*, Einl. 104 - 106.
[130] *Esser*, Vorverständnis und Methodenwahl in der Rechtsfindung, 1970, S. 119. Dagegen BAG v. 19. 2. 1965, AP Nr. 4 zu § 8 TVG; „Einer Auslegung des Tarifvertrages bedarf es nur dann nicht, wenn sein Wortlaut eindeutig ist." Diese unrichtige These wird auch von *Soergel/Siebert/Hefermehl*, BGB § 133 Rdnr. 15 unterstützt: „Die Auslegung einer rechtsgeschäftlichen Erklärung setzt voraus, daß die Erklärung auslegungsbedürftig ist. Gegenüber einer klaren und unzweideutigen Erklärung ist für eine besondere Auslegung kein Raum."
[131] Vgl. *Enneccerus/Nipperdey*, Allg. Teil, 15. Aufl., 2, § 56 IV; *Kriele*, Theorie, S. 85 ff.
[132] Statt aller *Enneccerus/Nipperdey*, § 56 IV.
[133] So z. B. die Lehre von *Danz* über den objektiven Erklärungssinn, von *Rudolf Leonard* über die Auslegung nach Maßgabe der Erkenntnismöglichkeit des Gegners, von *Franz Leonhard* über die verkehrsmäßige Bedeutung, von *Tietze* über generelle und individuelle Auslegungsmethode, von *Oertmann* über den Dualismus von Wille und Erklärung, von *Manigk* über die Superiorität des Willens, von *Larenz* über die Willenserklärung als Geltungserklärung.

ist so aufgefaßt worden, daß nicht der vom Erklärenden gewollte Inhalt der Erklärung, sondern vielmehr der sich lediglich aus dem Ausdruck ergebende maßgeblich sei[134].

Es kann zwar nicht behauptet werden, unter „wirklichem Willen" sei der psychologische Wille des Erklärenden zu verstehen, d. h. die menschliche Fähigkeit, sich aufgrund von Motiven und in bewußter Stellungnahme zu ihnen für Handlungen zu entscheiden, im Unterschied zu Trieb, Instinkt und Begehren. In einem solchen Fall wäre der Wille für den Juristen unerforschbar. Ihn interessiert vielmehr der rechtlich relevante Wille[135]. Ist aber der psychologische Wille dem Juristen unzugänglich und gleichgültig, so darf er sich dennoch nicht ausschließlich auf den geäußerten Willen konzentrieren mit der Folge, daß er praktisch an dem „buchstäblichen Sinne" des Ausdrucks haftet.

Trotz der Anerkennung der Gültigkeit des § 133 BGB auch für die gesetzlichen Vorschriften hat die höchstrichterliche Rechtsprechung und ein Teil der Lehre öfter betont, daß der Wille des Gesetzgebers nur dann zur berücksichtigen sei, wenn er in dem Wortlaut einen „wenn auch unvollkommenen Ausdruck" gefunden habe[136].

Damit ist der früher vom RG vertretenen Andeutungstheorie Rechnung getragen und die Verwirklichung des gesetzgeberischen Willens häufig vereitelt worden, vor allem dann, wenn es dem Gesetzgeber nicht gelungen war, das, was er gewollt hatte, zum Ausdruck zu bringen[137]. Grundsätzlich scheint die Rechtsprechung „den Willen da zu sehen, wo sie ihn billigt, da aber nicht, wo sie ihn ablehnt"[138].

Die „neuere Fassung" der Andeutungstheorie (modifizierte Andeutungstheorie) führt auch zu keinem befriedigenden Ergebnis. Während die ursprüngliche Theorie das Ende des Auslegungsprozesses in den Grenzen des Wortlauts gesehen hatte, räumt die modifizierte Theorie dem Rechtsanwender die Befugnis ein, im Wege der Rechtsfortbildung über den Wortlaut hinauszugelangen, wenn dadurch der Wille des Gesetzgebers sich verwirklichen kann[139].

---

[134] Vgl. *Soergel/Siebert/Hefermehl*, § 133 Rdnr. 1.
[135] Ähnlich *Flume*, Allg. Teil II, S. 310, der jedoch den richtigen Kern der Formulierung, „die Auslegung sei Feststellung des Willens", erkennt; so auch *Brox*, Die Einschränkung der Irrtumsanfechtung, 1960, S. 102, der betont, daß es sich um einen normativen Willen handelt (mit Hinweis auf *Heck*, Gesetzesauslegung und Interessenjurisprudenz, AcP 112, S. 67 ff.).
[136] Vgl. *Wolff*, Verwaltungsrecht, Bd. I, 7. Aufl. 1968, § 28 IV b 3; *Siebert*, Die Methode der Gesetzesauslegung 1958, S. 39; RG v. 4. 5. 1931, RG 2 133, S. 20 ff., BGH v. 31. 1. 1952, BGHZ 4, S. 369 (375).
[137] Dies macht *Brox*, Die Einschränkung der Irrtumsanfechtung, S. 96, deutlich, unter Berücksichtigung von Straf- und Steuergesetzen.
[138] So *G. und D. Reinicke*, Die Bedeutung des Wortlauts bei der Auslegung von Gesetzen nach der Rechtsprechung des Bundesgerichtshofs, NJW 1952, S. 103 ff.

§ 2 Zum Fehlen einer Tarifvertrags-Auslegungsmethode

Die Schwäche dieser Theorie liegt darin, daß sie die Rechtsfortbildung von der Auslegung nicht abzugrenzen vermag bzw. dadurch abzugrenzen versucht, daß sie im Wortlaut das entscheidende Erkenntnismittel für den Willen des Gesetzgebers sieht[139]. Die Bedeutung des Wortes als Element der Auslegung tritt jedoch zurück und wird entkräftet, wenn überwiegende andere sachliche Gründe vorliegen[141]. Der Wortlaut ist nicht das einzige Mittel für die Auslegung eines Gesetzes. Höher als der Wortlaut stehen die Wertvorstellungen des Gesetzgebers, die dem Gesetz seinen Sinn und Zweck verleihen[142]. Auszugehen ist vor allem von dem Interessenkonflikt, den der Gesetzgeber vorfand und dem Interessenausgleich ,den er herbeiführen wollte'[143]. Sieht man die gesetzliche Vorschrift aus dieser Perspektive (genetische Forschung)[144] und erkennt man die Interessenabwägung, von der der Gesetzgeber ausgegangen ist, so kann man auch gegen den klaren Wortlaut des Gesetzes auslegen (contra legem Auslegung)[145]. „Die Worte sind nicht der Gedanke, sondern nur Zeichen für den Gedanken, es kommt nicht auf deren objektive und absolute Bedeutung, sondern auf diejenige an, welche gerade ihr Urheber mit ihnen verbunden hat[146]." An diese Ausführungen von Windscheid kann man noch heute denken, ohne Rücksicht darauf, ob man sich zu der „subjektiven" oder zu der „objektiven" Theorie bekennt. Viel bedeutsamer und lehrreicher ist die Vergegenwärtigung, daß die Interpretationsfreiheit durch die Bindung an

---

[139] Ähnlich *Larenz*, Methodenlehre der Rechtswissenschaft, 2. Aufl., S. 304 f.; vgl. auch *Säcker*, Grundprobleme der kollektiven Koalitionsfreiheit, 1970, S. 108, Fußn. 250; ders., Gruppenautonomie und Übermachtkontrolle im Arbeitsrecht, Berlin 1972, S. 157, Fußn. 8.

[140] *Säcker*, Gruppenautonomie wie oben m. w. N.; vgl. paradigmatisch die Entscheidung des KG v. 24. 10. 1969, BB 1970, S. 637: „Für die Auslegung eines Gesetzes ist der in der Gesetzesvorschrift zum Ausdruck kommende objektive Wille des Gesetzgebers maßgebend, wie er sich aus dem Wortlaut der Gesetzesbestimmung und dem Sinnzusammenhang ergibt, in den dieser hineingestellt ist."

[141] Auch *Nipperdey*, der sich nicht unbedingt zu der subjektiven Auslegungsmethode bekennt, sagt ausdrücklich: „Der sogenannte eindeutige Wortlaut kann nur ein Indiz dafür sein, daß der Gesetzgeber seine Vorstellungen richtig ausgedrückt hat, alle Fälle von dem Gebot erfaßt wissen will, auf die sich der Wortlaut erstreckt"; *Nipperdey*, Fristversäumnis bei der Anmeldung von Versorgungsansprüchen, NJW 1962, S. 321; im übrigen s. *Clauss*, Zum Begriff der Unklarheit, JZ 1960, S. 306 ff.

[142] So ausdrücklich BGH v. 18. 5. 1955, BGHZ 17, 276.

[143] Aus anderer Perspektive, jedoch ähnlich BGHZ 17, 276; Die Notwendigkeit einer Bezugnahme auf die Errungenschaften der Interessenjurisprudenz fordert *Brox*, Einschränkung, S. 276.

[144] Vgl. *Claus*, Zum Begriff „eindeutig", JZ 1961, S. 660 f.; *Säcker*, Grundprobleme der kollektiven Koalitionsfreiheit, S. 108, Fußn. 250.

[145] Vgl. die Rechtsprechung des BGH aufgrund des § 400 BGB, die die Abtretung von Unfallrentenansprüchen an den Arbeitgeber, trotz des Wortlauts des § 400 BGB als wirksam angesehen hat; BGH, LM Nr. 3, 5 zu § 400 BGB.

[146] *Windscheid*, Lehrbuch des Pandektenrechts, 4. Aufl., Düsseldorf 1875, § 21, Fußn. 9.

den Wortlaut beeinträchtigt wird, was auch von den Vertretern der objektiven Theorie zugegeben wird[147]. Deshalb wird neuerdings auch von ihnen der Ausgangspunkt des Gesetzgebers berücksichtigt, wenn auch eher als Mittel und weniger als Ziel[148].

Bei der Auslegung privatrechtlicher Willenserklärungen hat das grammatische Element ein anderes Gewicht. Hier ist weitgehend anerkannt, daß nur die Erforschung des Willens das Ziel der Auslegung sein kann. Der Wortlaut ist lediglich ein Anhaltspunkt und gewinnt keine eigenständige Bedeutung, sondern wird nur im Zusammenhang mit der Person des Erklärenden betrachtet. Die Eindeutigkeit des Wortlauts wird nicht als Selbstzweck verstanden, sondern als ein Mittel zur Erkennung des wirklichen Willens. Deshalb ist der Gesamtinhalt der Erklärung einschließlich aller Nebenumstände als Ganzes zu würdigen[149]. Es würde gegen §§ 133, 157 BGB verstoßen, wenn der Rechtsanwender bei der Auslegung sich auf den Wortlaut der verschiedenen vertraglichen Abmachungen beschränkte, ohne den Inhalt des gesamten Vertrages heranzuziehen und ohne bei der Auslegung das Gesamtbild der vertraglichen Beziehungen zwischen den Parteien zu berücksichtigen[150].

Zusätzliche interpretatorische Schwierigkeiten bereitet das Rechtsgeschäft, das über die Personen, die sich an seinem Abschluß beteiligen, auf die Privatsphäre Dritter hinauswirkt. Dies geschieht im Rahmen des BGB entweder kraft freiwilliger Unterwerfung (Beitritt zu einem Verein) oder kraft Gesetzes (Rechtsgeschäft zugunsten Dritter). Bei dem ersten Fall handelt es sich um einen Ausdruck der Privatautonomie, so wie sie von der liberal-individualistischen Konzeption des vorigen Jahrhunderts über das BGB bis zu unserer Zeit das Privatrecht beherrscht. Man kann über seine Selbstbestimmung verfügen und sich

---

[147] Vgl. die Ausführungen von *Enneccerus/Nipperdey*, Allg. Teil, 2, § 56 IV.
[148] *Clauss*, JZ 1961, S. 660 ff.; *Esser*, Grundsatz und Norm, 2. Aufl. 1964, S. 156 ff. Interessant scheint die Formulierung der neueren Rechtsprechung des BVerfG. So geht das BVerfG in seiner Entscheidung v. 19. 7. 1966, BVerfGE 20, 111, von den „Vorstellungen des Verfassungsgebers" aus. In BVerfGE 20, 293, BVerfG v. 18. 10. 1966) spricht es von dem „objektivierten Willen des Gesetzgebers". — In BVerfGE 21, 218 (Beschluß v. 14. 3. 1967) nimmt es Bezug auf „die Vorstellungen des Gesetzgebers". — In BVerfGE 22, 37 (Beschluß v. 24. 5. 1967) unternimmt es eine Auslegung entgegen den Wortlaut des Gesetzes. — In BVerfGE 23, 15 (Beschluß v. 21. 5. 1968) ist wieder die Rede von dem objektivierten Willen des Gesetzgebers. — In BVerfGE 28, 35 (Beschluß v. 18. 2. 1970) stellt das Gericht auf die Vorstellungen des Gesetzgebers ab und operiert mit Hilfe der historischen Interpretation. — Wenn dies als kein Bekenntnis zu der subjektiven Gesetzesauslegungsmethode angesehen werden kann, so durfte es wenigstens als eine langsame Hinwendung zu den subjektiven Momenten, die ein Gesetz enthält, verstanden werden.
[149] Bei Urkunden auch unter Berücksichtigung solcher Umstände, die außerhalb der Urkunde liegen, BGH v. 11. 10. 1951, LM Nr. 1 zu § 133 (B) BGB.
[150] Vgl. etwa BGH v. 20. 2. 1953, LM Nr. 3 zu § 133 (B) BGB.

§ 2 Zum Fehlen einer Tarifvertrags-Auslegungsmethode

der Regelungsmacht eines Dritten unterwerfen. Bezüglich der Freiwilligkeit dieser Unterwerfung muß man sich heute darüber im klaren sein, daß sich das psychisch-volitive Element häufig manipulieren läßt und daß infolgedessen nicht immer die Rede von frei gebildetem Willen sein kann. So z. B. unterwirft sich der Käufer eines Autos beim Abschluß des Kaufvertrages zwangsweise den allgemeinen Geschäftsbedingungen, die er selten zur Kenntnis nimmt; ebenso beim Abschluß eines Versicherungsvertrages. Diese Tatsache kann jedoch nur insoweit relevant sein, als sie dem Richter die Sicherheit bietet, die Begriffe „Privatautonomie" und „Willensbildung" nicht zu verwechseln und die Willenserklärung als eine Zusammensetzung von subjektiv gewollten und objektiv realisierbaren Interessen anzusehen.

Bei der Auslegung dieser Rechtsgeschäfte muß man häufig von einem starren Festhalten an dem Willen des Erklärenden absehen und die Auslegung unter besonderer Berücksichtigung der Schutzbedürftigkeit des Erklärungsempfängers unternehmen. Das ist vor allem dann der Fall, wenn dem Erklärungsempfänger nicht zugemutet werden kann, alle willensbildenden Faktoren des Erklärenden zu ermitteln.

„Beim Rechtsgeschäft kann der Vertrauensschutz von so großer Bedeutung sein, daß der willkürliche Wille des Erklärenden im Interesse des Erklärungsempfängers nicht berücksichtigt werden darf, und die Erklärung in dem Sinne gelten muß, wie sie der Erklärungsempfänger unter Verwendung des gesamten, ihm zugänglichen Quellenmaterials auffassen durfte. Allgemeine Regeln lassen sich hierbei jedoch nicht aufstellen. Es muß vielmehr auf die besondere Interessenlage beim jeweiligen Rechtsgeschäft abgestellt werden[151]."

Diese Differenzierung trifft z. B. sowohl für die Auslegung Allgemeiner Geschäftsbedingungen wie auch für Tarifverträge zu. Die Allgemeinen Geschäftsbedingungen werden vom Unternehmer aufgestellt. Legt man sie daher aus, nur mit Rücksicht auf die Vorstellungen des Aufstellenden, so liegt es nahe, daß das durch den typisierten und vorformulierten Inhalt hervorgerufene Vertrauen des einzelnen Kunden verletzt wird.

Unter dem Gesichtspunkt des Vertrauensschutzes muß auch die absolute Dominanz des Tarifparteiwillens einen gewissen Rückfall erleben, wenn das durch eine gemeinsame Tarifübung entstandene Vertrauen der Tarifunterworfenen es verlangt[151a].

---
[151] *Brox*, JZ 1966, S. 764; *ders.*, Die Einschränkung der Irrtumsanfechtung, 1960, S. 106, 163 ff.; vgl. BGH v. 17. 11. 1969, BB 1970, S. 148.
[151a] s. *Säcker*, Gruppenautonomie, S. 175 ff.; zum allgemeinen Problem s. *Flume*, Rechtsgeschäft und Privatautonomie, in: Hundert Jahre deutsches Rechtsleben Bd. 1, S. 141 ff.

Zweites Kapitel

Die Auslegung des normativen und schuldrechtlichen Teils

§ 3 Die Auslegung des normativen Teils

A. Untersuchungsmethode

Trotz des Grundsatzes, der Tarifvertrag sei bei seiner Auslegung als einheitlicher Vertrag anzusehen und daher trotz seiner „Doppelnatur" als einheitliches Ganzes aufzufassen[152], kommt es bei der Auslegung aus den oben genannten Gründen[153] vorwiegend auf den normativen Teil an.

Will man die Auslegung des Tarifvertrages untersuchen, so muß man aus systematischen Gründen auch auf den Abschluß des Tarifvertrages eingehen, denn jeder Auslegungsversuch fordert zunächst die Klarstellung dessen, was Gegenstand der Auslegung ist. Es muß also zuerst der „Normbestand" ermittelt werden, eher als der „Normeninhalt" erörtert werden kann[154]. Die Klarstellung also, ob eine Frage überhaupt tariflich geregelt ist, gehört in diesem Sinne auch zur Auslegung des Tarifvertrages[155].

Damit kommen wir zu der Entstehung des Tarifvertrages. In diesem Stadium, also in der Phase des Zustandekommens ist der Tarifvertrag im Prinzip wie jeder andere Vertrag anzusehen. Für sein Zustandekommen sind, wie bei jedem Vertrag, Willenserklärungen der Parteien er-

---

[152] Vgl. statt aller *Herschels* bildhafte Ausführungen in Festschrift für Molitor, S. 178: „Der Tarifvertrag enthält einen Vertrag als Körper und ein Gesetz als Seele. Er ist eine Einheit in der Vielfalt."
[153] s. oben § 2 B.
[154] So auch *Bogs* in Arbeitsrecht-Blattei D „Tarifvertrag IX".
[155] *Bogs* in Arbeitsrecht-Blattei D. — Etwas anderes ist die Frage, ob ein vorliegender Vertrag überhaupt ein Tarifvertrag ist. In diesem Fall kommt es auf die Form, den Inhalt, die Entstehungsgeschichte und den Zweck der Vereinbarung an. s. dazu BAG v. 18. 11. 1965, AP Nr. 17 zu § 1 TVG, wo es darum ging, ob ein zwischen einem Arbeitgeber und den Vertretern der Ortsverwaltung einer Gewerkschaft abgeschlossener Vertrag ein Tarifvertrag war. Der Fall ist insofern interessant, als er deutlich macht, wie schwierig die Entscheidung sein kann, ob eine mit einer Gewerkschaft getroffene Vereinbarung die Merkmale eines Tarifvertrages trägt (vgl. auch die dem Urteil folgende Anmerkung von *Zöllner*). Dieses Problem hängt allerdings eher mit der Frage der Tarifzuständigkeit zusammen, vgl. *Herschel* in Festschrift Molitor, S. 163.

forderlich. Auf diese Willenserklärungen sind im Grunde die Vorschriften des BGB anwendbar (§§ 145 ff. BGB).

Die Entstehungsphase des Tarifvertrages ist von erheblicher Bedeutung. Nach mehreren Vorschlägen und Auseinandersetzungen der Tarifpartner kommt durch den Abschluß des Vertrages der übereinstimmende Wille der Parteien zum Ausdruck. Es fragt sich, ob Einigungsmängel, die die völlige oder die Teilnichtigkeit des Vertrages zur Folge haben, das Zustandekommen des Tarifvertrages entsprechend beeinflussen. Im folgenden wird diese Frage näher erörtert werden.

B. Die Einigungsmängel bei der Entstehung der Tarifbestimmungen

I. Dissens

Nach den allgemeinen Grundsätzen der Rechtsgeschäftslehre kommt ein Vertrag grundsätzlich erst zustande, wenn die Parteien sich über alle Punkte des betreffenden Vertrages geeinigt haben[156]. Ist den Parteien bekannt, daß ihre Übereinstimmung nicht vollständig ist und daß regelungsbedürftige Punkte offen geblieben sind, so ist im Zweifel der Vertrag nicht abgeschlossen. Es liegt nach § 154 BGB offener Dissens vor. Die Parteien haben also bewußt einen lückenhaften Vertrag abgeschlossen. Ihre Erklärungen decken sich nicht mit ihrem Willen.

Sind sich die Parteien des Fehlens der Übereinstimmung nicht bewußt, so liegt ein sogenannter versteckter Dissens vor, wobei das Vereinbarte gilt, sofern anzunehmen ist, daß der Vertrag auch ohne eine Bestimmung über diesen Punkt geschlossen sein würde, § 155 BGB. Der Fall der Einigungsmängel erlangt beim Abschluß eines Tarifvertrages eine besondere Bedeutung, bedingt durch die zwingende Wirkung des Tarifvertrages auf die Arbeitsverhältnisse der Tarifunterworfenen. Der Tarifvertrag ist nach h. M. im Ganzen ein Institut des Privatrechts[157]. Er wird geschlossen zwischen privatrechtlichen Parteien, in der privatrechtlichen Form des Vertrages und zur Regelung privater Rechtsverhältnisse. Deshalb sind Probleme, die mit dem Abschluß, mit der Änderung, der Erfüllung usw. des Tarifvertrages zusammenhängen, grundsätzlich nach den allgemeinen Regeln des bürgerlichen Rechts zu lösen[158]. Das soll allerdings unter Berücksichtigung der Wirkungsweise des Tarifvertrages geschehen. Soweit aus dem Tarifvertrag sich nichts anderes ergibt, sind

---
[156] Aus der Standardliteratur zu diesem Thema, s. etwa *Larenz*, Allg. Teil, 2. Aufl. 1972, S. 440; *Enneccerus/Nipperdey*, Allg. Teil, 15. Aufl., § 164, I, 3; *Flume*, Allg. Teil des Bürgerlichen Rechts, II, Das Rechtsgeschäft, § 34, 1.
[157] Darüber herrscht weitgehend Einstimmigkeit; *Nipperdey* in D-Blatt „Tarifvertrag I B", *Hueck/Nipperdey*, Lehrbuch II/I, S. 208, 339 m. w. N.
[158] Vgl. BGB §§ 145 ff., 116 ff.

die Vorschriften des BGB anwendbar[159]. Die Prüfung der Anwendbarkeit dieser Vorschriften muß mit Rücksicht auf die dem Tarifvertrag unterliegenden Rechtsverhältnisse stattfinden. Dieser Umstand gebietet, dem Vertrauen der Tarifunterworfenen auf Bestand und Gültigkeit des Tarifvertrages Rechnung zu tragen[160].

In Anbetracht des gesetzlichen Gebotes, daß der Tarifvertrag der Schriftform bedarf, ist ein offener Dissens schwer vorstellbar, zumal der Tarifvertrag nicht durch das meist schnellere Verfahren des individuellen Vertrages abgeschlossen wird, (Angebot-Annahme), sondern in vielen Fällen nach mehrmaligem Kontakt und Meinungsaustausch zwischen den Sozialpartnern, deren Erklärungen nicht ausschließlich auf dem endgültigen Vertragstext beschränkt sind, sondern darüber hinaus in den Tarifvertragsmaterialien zu finden sind[161]. Diese Überlegungen führen zu der Umkehrung der Auslegungsregel des § 154 Abs. 1 BGB, nach der der Vertrag im Zweifel nicht als abgeschlossen anzusehen ist[162]. Hier muß vielmehr das Interesse der Tarifunterworfenen an einem wirksam entstandenen, gültigen Vertrag den Vorrang haben. Dieses Interesse will den Tarifvertrag abgeschlossen wissen.

Aus denselben Gründen ist auch eine besondere Auslegung der in § 155 BGB eingeführten Vermutung geboten. Dies rechtfertigt sich dadurch, daß es dem normunterworfenen Dritten unzumutbar wäre, die außerhalb der Einigung stehenden Punkte zur Kenntnis zu nehmen. Nur wenn es sich um besonders wichtige Vertragspunkte handelt, kann ausnahmsweise ein versteckter Dissens das Zustandekommen des Tarifvertrages ausschließen[163]. Ein solcher Fall ist jedoch unwahrscheinlich.

Sehr nahe bei dem Problem des Dissenses liegt auch das Problem der Vertragslücken. Es handelt sich dabei zwar ebenfalls um Einigungsmängel bzw. um das Fehlen einer Einigung. Die Begriffe „Dissens" und „Ver-

---

[159] *Hueck/Nipperdey*, Lehrbuch II/I, S. 339; *Nipperdey/Säcker* in D-Blattei „Tarifvertrag II B".

[160] Deshalb sind Willensmängel wie der geheime Vorbehalt, die Scheinerklärung und die Scherz-Erklärung bei einem Tarifvertrag nicht denkbar, „da die Tarifvertragsparteien im Bewußtsein ihrer sozialen Verantwortung beim Tarifvertragsabschluß sich nicht auf Mentalreservationen, Scheingeschäfte oder Scherz-Erklärungen einlassen werden; *Nipperdey/Säcker*, D-Blattei „Tarifvertrag II B".

[161] Diese Tarifvertragsmaterialien (Verhandlungsprotokolle) sind als Auslegungsfaktoren längst anerkannt. Der Richter ist sogar verpflichtet, sie ohne ausdrückliche Berufung der Parteien zu berücksichtigen. Vgl. BAG v. 10. 9. 1962, AP Nr. 115 zu § 1 TVG Auslegung. Näheres dazu unten § 3 C IV 1.

[162] Ähnlich *Bogs*, D-Blattei „Tarifvertrag IX I A I 2" mit Hinweis auf *Kaskel/Dersch*, Arbeitsrecht, S. 54; vgl. auch *Nipperdey/Säcker*, D-Blattei, TV II B.

[163] Darauf macht *Bogs*, D-Blattei, aufmerksam, der zu Recht betont, daß die Umkehrung der Vermutung des § 155 BGB geboten ist. Ihm folgen auch *Nipperdey/Säcker*, D-Blattei. Der Tarifvertrag ist infolgedessen als abgeschlossen anzusehen, ohne Rücksicht darauf, ob eine Einigung über einen Punkt noch aussteht.

tragslücke" decken sich jedoch nicht völlig: ein Dissens hat immer einen lückenhaften Vertrag zur Folge, nicht aber umgekehrt. Ein lückenhafter Vertrag setzt nämlich nicht bloß ein Einigungsfehlen, sondern vielmehr ein Regelungsfehlen voraus[164]. Deshalb gehört dieses Problem systematisch zu der Untersuchung des Norminhalts[165].

II. Falsa Demonstratio

Bezüglich der Relation von Text und materiellem Gehalt hat das BAG bei der Auslegung von Tarifverträgen den Grundsatz angewendet, die Auslegung dürfe nur soweit gehen, wie der nach Sinn und Zweck zu ermittelnde Inhalt der tariflichen Bestimmungen noch erkennbaren Ausdruck gefunden habe[166]. Wenn hinsichtlich eines Tarifvertrages von Erkennbarkeit die Rede ist, so ist das zunächst keine Besonderheit der Tarifvertragsauslegung gegenüber anderen Verträgen[167]. In einer Beziehung besteht allerdings ein entscheidender Unterschied zwischen der Auslegung gewöhnlicher Verträge des bürgerlichen Rechts und der von Tarifverträgen. Dieser Unterschied ist bedingt durch die Polarität zwischen Rechtsgeschäft und Rechtsnorm, in der der Tarifvertrag steht. Da der Tarifvertrag in den Augen der höchstrichterlichen Rechtsprechung ein Gesetz im materiellen Sinne ist[168], sollen bei seiner Auslegung eher die Grundsätze über die Gesetzesauslegung als über die Vertragsauslegung Anwendung finden, unter anderem auch im Falle des vom Willen abweichenden Wortlauts[169].

Die objektive Erkennbarkeit im Wortlaut ist bei Verträgen nicht erforderlich, wenn der abweichende materielle Gehalt von den Vertragsparteien übereinstimmend gewollt ist[170]. Haben die Parteien ihren Willen unrichtig zum Ausdruck gebracht, sind sie sich jedoch über das in Wirk-

---

[164] Zum Begriff der Gesetzeslücke s. *Canaris*, Die Feststellung von Lücken im Gesetz, S. 50 f. Die Vertragslücke wird dagegen im Wege der Auslegung nach Treu und Glauben mit Rücksicht auf die Verkehrssitte ausgefüllt. Diese Auslegung hat das Ziel, den Vertragsinhalt festzustellen, auch in solchen Punkten, in welchen eine Vereinbarung der Parteien nicht vorliegt, gleichviel, ob diese bewußt auf eine ins Einzelne gehende Regelung verzichtet haben, BGH BB 1967, S. 1355.
[165] s. unten § 3 C I; vgl. *Wenzel*, JZ 1960, S. 713 f.
[166] Aus den zahlreichen Entscheidungen des BAG s. etwa BAG v. 22. 1. 1960 AP Nr. 96 zu § 1 TVG Auslegung, BAG v. 2. 6. 1961 AP Nr. 68 zu Art. 3 GG (A. Hueck), BAG v. 19. 4. 1963 AP Nr. 3 zu § 52 Betr. VG, BAG v. 26. 4. 1966 AP Nr. 117 zu § 1 TVG Auslegung.
[167] Denn ein Anhaltspunkt ist immer die Voraussetzung für die richtige Anwendung des § 133 BGB; im übrigen vgl. *Enneccerus/Nipperdey*, Allg. Teil, 15. Aufl., § 205 I, 2, vgl. BGH v. 27. 10. 1971, BB 1972, S. 287.
[168] Was den normativen Teil betrifft, im Anschluß an die herrschende Lehre vgl. *Hueck/Nipperdey*, Lehrbuch 7. Aufl., Band II, Hlbd. I, S. 350 ff.
[169] BAG v. 2. 6. 1961, AP Nr. 68 zu Art. 3 GG.
[170] Darüber besteht in der Rechtslehre und Rechtsprechung Einstimmigkeit; vgl. statt aller *Enneccerus/Nipperdey*, Allg. Teil, 15. Aufl., 2, § 166 IV, 205 1, 2, m. w. N.

lichkeit Gewollte einig, dann gilt das Gewollte ohne Rücksicht auf das Erklärte[171].

Das BAG, ausgehend von der Natur des Tarifvertrages als objektiven Rechts, hat zu diesem Problem die Ansicht vertreten, die Falsa Demonstratio schade dem normativen Teil eines Tarifvertrages, weil nicht die Grundsätze der Vertragsauslegung maßgebend seien[172]. Es soll also nur der Wille von Bedeutung sein, der auch im Wortlaut einen für Dritte erkennbaren Ausdruck gefunden hat[173]. Wenn das BAG von dem Interesse der von dem Tarifvertrag Betroffenen ausgeht, für die die Bestimmungen des normativen Teils wie Rechtsnormen gelten, so mag das grundsätzlich richtig sein. Folgende Tatsachen müssen aber berücksichtigt werden: erstens das allgemeine Gebot des Gesetzgebers, daß bei der Auslegung einer Willenserklärung nicht am Buchstaben gehaftet werden darf, sondern der wirkliche Wille erforscht werden muß (§ 133 BGB). Zu diesem Zweck können die Entstehungsgeschichte des Tarifvertrages, der innere Zusammenhang der Bestimmungen und die wirtschaftlichen und sozialen Verhältnisse, von welchen die Tarifpartner ausgegangen sind, den Auslegungsprozeß wesentlich erleichtern[174]. Wenn es sich also ergibt, daß der Zusammenhang der Bestimmungen und die Entstehungsgründe den Willen der Tarifpartner trotz des abweichenden Wortlauts für Dritte erkennbar machen, dann kann man diese Faktoren ohne weiteres berücksichtigen und heranziehen[175].

Es darf zweitens auf die Tatsache hingewiesen werden, daß zwischen den Tarifvertragsparteien und den Tarifunterworfenen eine engere Verbindung besteht, als das BAG annehmen will[176]. Diese Verbindung spricht

---

[171] Dazu auch *Staundiger/Coing*, § 119 Anm. 157; *Flume*, Allg. Teil II, das Rechtsgeschäft, § 16, 2 (S. 302 ff.). Einen mit interessanten Überblick der Rechtsprechung des RG und BGH mit Darstellung der konkreten Fälle und Vergleich zu den von der angloamerikanischen Dogmatik entwickelten Grundsätzen bietet *Lüderitz*, Die Auslegung von Rechtsgeschäften, 1966, S. 123 ff. für angloamerikanisches Recht, S. 186 ff., 196 ff., für deutsches Recht.
[172] BAG v. 2. 6. 1961, AP Nr. 68 zu Art. 3 GG.
[173] Der einschlägige Tarifvertrag gewährte männlichen Arbeitnehmern unter bestimmten Voraussetzungen besondere Zulagen. Da das BAG die Anwendung des Satzes falsa demonstratio non nocet auf den normativen Teil des Tarifvertrages abgelehnt hatte, mußte es durch die Prüfung der Verfassungsmäßigkeit die entsprechende tarifliche Bestimmung für nichtig erklären.
[174] Um so mehr im vorliegenden Fall, wo es sich um eine Änderung des Textes handelt; so auch *A. Hueck* in der dem obigen Urteil folgenden Anmerkung.
[175] Nach der Rechtsprechung des BAG sogar ohne ausdrückliche Verfahrensrüge; BAG v. 10. 9. 1962, AP Nr. 115 zu § 1 TVG Auslegung, wonach das Revisionsgericht bei der Auslegung von Rechtsnormen von Amts wegen alles festzustellen hat, was zur Auslegung der Norm erforderlich und sachdienlich ist.
[176] Vgl. *Zöllner*, Das Wesen der Tarifnormen, RdA 1964, S. 443 ff. (449); *Himmelmann*, Lohnbildung durch Kollektivverhandlungen, Berlin 1971, S. 32 ff., der die formell-demokratischen und die materiell-demokratischen Elemente bei der Willensbildung der Tarifparteien analysiert; zur Willensbildung innerhalb der Gewerkschaften s. besonders S. 107 ff.; s. auch *Abendroth*, Innergewerkschaft-

§ 3 Die Auslegung des normativen Teils 45

dafür, daß der Tarifvertrag nach seiner Entstehung keine Eigenständigkeit gegenüber seinen Kreatoren gewinnt[177]. Das TVG bestimmt, daß der Tarifvertrag der Schriftform bedarf[178]. Damit hat der Gesetzgeber dem Vertrauensschutzprinzip, das der Verkehrssicherheit dienen soll, Rechnung getragen. Darüber hinaus ist jedoch nicht einzusehen, warum bei einem Tarifvertrag der Grundsatz „non nocet" der Falsa Demonstratio wegfallen muß und zu einem „nocet" wird, zumal einerseits nicht jeder Willen Vertragsinhalt wird, sondern nur das, was die Parteien in dem Vertragstext niederlegen, und andererseits die Falsa Demonstratio bei formbedürftigen zivilrechtlichen Verträgen ebenfalls nicht schadet[179].

Zwar müssen Willenserklärungen, die gegenüber einer Vielzahl von Personen wirken, einer strengeren Auslegung unterliegen. Der Unterschied jedoch zwischen ihnen und dem Gesetz, das zahlmäßig uneingeschränkt gilt, ist erheblich. Aus diesen Gründen darf der Rechtsanwender bei der Erforschung des Willens der Tarifpartner insoweit vom Wortlaut des Vertrages abweichen, als die Entstehungsgeschichte, die Begleitumstände und der aus dem Text des Tarifvertrages sich ergebende Sinn ihn feststellen lassen, daß den Parteien bei der Formulierung des Vertrages eine Falsa Demonstratio unterlaufen ist[180].

Gelingt ihm diese Operation, dann kann er ohne weiteres den wirklichen Willen als maßgebend betrachten. Fehlen dagegen alle Anhaltspunkte, die zu einer solchen Annahme führen können, dann ist er an den Text gebunden.

Diesem Lösungsvorschlag kann nicht entgegengehalten werden, daß der Rechtsanwender dadurch in die grundgesetzlich gesicherte Tarifautonomie[181] unzulässigerweise eingreife, indem er den von den Tarifpart-

---

liche Willensbildung, Urabstimmung und „Kampfmaßnahme", AuR 1959, S. 261 ff.
[177] s. auch *Zöllner*, RdA 1964, S. 449. Bei dem Problem der Interpretation im geisteswissenschaftlichen Bereich überhaupt, geht es schließlich darum, ob man dem geistigen Werk die Selbstexistenz anerkennt, oder es völlig abhängig vom Kreator macht. Zum Vergleich der juristischen Hermeneutik zu der literaturwissenschaftlichen Interpretation s. *Heinz Wagner*, Interpretation in Literatur- und Rechtswissenschaft, AcP 165 (1965), S. 520 ff.
[178] TVG § 1, Abs. 2.
[179] Typisches Beispiel: Grundstücksverkauf mit falscher Bezeichnung des Kaufgegenstandes; vgl. *Enneccerus/Nipperdey*, § 166 IV, S. 1032, Fußn. 13; *Flume*, § 16, 2, S. 306; BGH v. 23. 6. 1967, BB 1967, 811; BGH v. 13. 10. 1967, LM Nr. 30 zu § 313 BGB; BGH v. 14. 7. 1969, NJW 1969, 2043 (2045); BGH v. 21. 5. 1971, WPM 1971, 1084. Das gebietet der Vertrauensgedanke zum Schutze desjenigen, der diesen Verträgen unterworfen ist.
[180] Insofern ist der Entscheidung des BAG v. 7. 11. 1969, AP Nr. 1 zu § 18 MTB II zuzustimmen. Der 3. Senat operierte — es ging um die Auslegung des Begriffs „Wachdienst" — mit einer methodischen Klarheit, die den Beifall verdient.
[181] Art. 9, Abs. III GG; vgl. dazu *Arndt*, Thesen zu Art. 9, Abs. 3 GG; Festschrift Otto Kunze 1969, S. 265 ff.; *Adomeit*, Vermögensbildungsgesetz und Koalitionsfreiheit, RdA 1964, S. 309 ff.

nern unterzeichneten Text des Tarifvertrages über den Wortlaut hinaus interpretiert. Hier geht es nicht um einen Eingriff in den Herrschaftsbereich der Sozialpartner, denn ihnen wird nichts willkürlich unterstellt. Vielmehr wird ihnen Rechnung getragen, da man das von ihnen Gewollte festzustellen versucht. Dadurch genießt die Regelungsbefugnis der Tarifpartner viel höhere Achtung, als wenn man lediglich die tariflichen Bestimmungen für unwirksam erklärt, weil aus Versehen oder durch Zufall der Wille falsch zum Ausdruck gekommen ist.

Die Auffassung der Rechtsprechung ist schließlich um so zweifelhafter, als das BAG bei dem ähnlichen Problem der unechten Lücken, die Ausfüllung zuläßt, wenn die Tarifpartner eine Regelung treffen wollten, diese aber aus Versehen nicht getroffen haben[182].

C. Der zustande gekommene Tarifvertrag

Es darf noch einmal wiederholt werden, daß die gesetzesähnliche Wirkung des Tarifvertrages Anlaß gegeben hat, ihn als objektives Recht anzusehen und bei seiner Auslegung auf verschiedene, oft völlig unterschiedliche Weisen zu operieren[183]. Trotz der zugegeben weitgehenden Übereinstimmung der Vertrags- und Gesetzesauslegung[184], kommt es sehr häufig vor, daß bei der Anwendung konkreter Auslegungsgrundsätze zwischen beiden stark unterschieden wird[185]: Dies führt häufig zu einer Verlegenheit seitens der Rechtsprechung, die sich, wie es sich aus zahlreichen Entscheidungen ergibt[186], in der unangenehmen Lage befindet, nicht widerspruchsfreie Lösungen geben zu können, damit sie sich bezüglich der von ihr befolgten These konsequent erweist, nämlich daß der Tarifvertrag ein Gesetz in materiellem Sinne sei und deshalb nach den Grundsätzen der Gesetzesauslegung interpretiert werden müsse.

I. Das grammatische Element

*1. Der Tarifvertrag im Mittelpunkt
der Rationalisierung des Arbeitsrechts*

Eine kollektive Regelung der Arbeitsverhältnisse wäre ohne klare Formulierung der Arbeitsbedingungen nicht erreichbar[187]. Begründet wird dies damit, daß eine unterschiedliche Interpretation tariflicher Ver-

---

[182] Vgl. *Siegers* in DB 1967, S. 1630 ff.; *Müller*, Die Auslegung des normativen Teils eines Tarifvertrages nach der Rechtsprechung des BAG, DB 1960, S. 119 ff.
[183] Vgl. oben § 2, C II 1.
[184] So *Nikisch*, Lehrbuch, S. 220, *Hueck/Nipperdey*, Lehrbuch, S. 358.
[185] So z. B. *Hueck/Nipperdey*, Grundriß des Arbeitsrechts, 3. Aufl., S. 212.
[186] Vgl. exemplarisch oben Fußn. 62.
[187] Im folgenden vgl. *Herschel*, Festschrift Molitor, S. 166 ff.; *ders.*, Rationalisierung des Rechts, insbes. des Arbeitsrechts, Festschrift Friedrich Sitzler, 1956, S. 287 ff. (300).

§ 3 Die Auslegung des normativen Teils   47

einbarungen die Einheitlichkeit der Regelung der Arbeitsverhältnisse gefährdet und damit das gesamte Arbeitsleben von Härten und Ungerechtigkeiten bedroht würde[188]. Der Tarifvertrag soll neben anderen auch dem Zweck der Rationalisierung des Rechts dienen und deshalb nur einer einheitlichen Interpretation fähig sein[189]. Es erscheint jedoch zweifelhaft, ob diese Ziele durch die Entwicklung der Institution des Tarifvertrages sich gerechtfertigt haben.

Die Tatsache, daß unter dem Stichwort „Auslegung" zahlreiche Entscheidungen in jeder arbeitsrechtlichen Entscheidungssammlung zu finden sind[190], zeigt deutlich, daß die Tarifverträge bei ihrer Auslegung streitträchtig sind und daß die Einheitlichkeit und somit die Rechtssicherheit, die sie bieten sollten, nicht immer gewährleistet sind.

Stellt man sich den Tarifvertrag als einen Faktor der Rationalisierung des Rechts vor, so macht man einen entscheidenden Ausgangsfehler. Denn Rationalisierung setzt rationales Denken voraus, d. h. einen geistigen Prozeß, in dem man unvoreingenommen und nur von der Vernunft gesteuert eine zweckmäßige Lösung eines Problems trifft. Die Tarifpartner sind indessen dadurch charakterisiert, daß sie Interessenverbände sind. Ihre Funktion besteht darin, daß sie die Interessen ihrer Mitglieder vertreten und wahrnehmen. Der Interessengegensatz ist also gegeben. Das bedeutet, daß die Ausgangspunkte der Träger dieser Interessen unterschiedlich sind mit der Folge, daß der Prozeß, der zum Abschluß eines Tarifvertrages führt, nicht von einem übereinstimmenden Standpunkt ausgeht, sondern von extrem divergierenden Positionen. Die weitere Folge ist, daß die Übereinkunft der Sozialpartner einen Kompromißcharakter trägt und nicht das Ergebnis eines von Anfang an einheitlich motivierten Prozesses ist. Der Tarifvertrag ist daher das Ergebnis eines Kompromisses der oben geschilderten unterschiedlichen Interessen. Er vermag nur eine zeitlich begrenzte Stabilität der Verhältnisse zu bieten. Damit ist aber die völlige Rationalisierung im voraus ausgeschlossen. Die Bedeutung der Tarifautonomie liegt somit in dem dialektischen Prozeß, bei dem sich die entgegengesetzten Interessen annähern und zum Teil decken, statt vom Staat diktiert zu werden[191].

Versteht man dagegen die Rationalisierung lediglich in ihrem engeren Sinne, nämlich als die Typisierung des Vertragsabschlusses und -inhalts und dadurch als eine Beschleunigung des Verfahrens zur Regelung der Arbeitsverhältnisse, so darf man dennoch ein Moment, welches das gan-

---
[188] So *Herschel* in Festschrift Molitor, S. 166.
[189] *Herschel* in Festschrift Molitor, S. 166 f.
[190] Vgl. oben Fußn. 18.
[191] Denn der Staat hat seine Rolle als Treuhänder der Arbeit längst aufgegeben und geht heute von dem Prinzip der sozialen Selbstverantwortung aus; vgl. *Maunz/Dürig*, GG Art. 9, Rdnr. 91; vgl. *Dietz*, Die Koalitionsfreiheit, in: Bettermann/Nipperdey/Scheuner, Die Grundrechte, Bd. 3, Halbbd. 1, S. 417 f.

ze Verfahren des Abschlusses eines Tarifvertrages kennzeichnet, nicht außer Acht lassen: den Interessenkampf, der auch von einer idealen Rationalisierung bzw. Typisierung nicht total beseitigt werden kann und der immer Anlaß zu Unklarheiten und Auslegungsstreitigkeiten geben wird.

2. Die Eigenartigkeit des Wortlauts des Tarifvertrages

In diesem Sinne scheint es selbstverständlich zu sein, daß der Inhalt des Tarifvertrages nicht immer frei von Unklarheiten ist. Es erscheint zweifelhaft, wenn man, wie Herschel[192], in einer unklaren Tarifbestimmung die Vereitelung ihres Zweckes sieht. Dann versteht man entweder diesen Zweck nicht richtig, oder er kann nie erreicht werden. Denn wenn als Ziel des Instituts des Tarifvertrages die Rationalisierung des Arbeitsrechts im Sinne einer Vereinheitlichung der Arbeitsbedingungen zum Zwecke der Konfliktslosigkeit verstanden wird, so verkennt man, daß der Tarifvertrag hauptsächlich als ein Instrument der Herstellung des Gleichgewichts unter den Gestaltungsfaktoren des Arbeitslebens konzipiert worden ist[193]. Er soll den einzelnen Arbeitnehmer schützen.

Wenn man, wie Herschel, auf der anderen Seite den Normzweck wegen einer Unklarheit der Norm unberücksichtigt lassen will, dann wird die Durchsetzung des Normzwecks in der Realität verhindert. Nun ist Herschel bereit, die Ursachen der Unklarheit einer Norm einzusehen und sogar mit den klassischen Ausführungen von Tuhrs zu erklären[194]; es ist deshalb ziemlich unverständlich, warum er eine unklare Tarifnorm für schlechter als überhaupt keine hält, mit der Begründung, jeder Auslegungszweifel führe zu Mehraufwand an Arbeit und Zeit, sowie zur Verzögerung des Normvollzuges[195]. Eine Verzögerung des Normvollzuges, die auf Auslegungsfragen zurückzuführen ist, spricht jedoch nicht gegen die Qualität der Norm. An ihrer Auslegungsbedürftigkeit sind öfter nicht ausschließlich ihre Urheber schuldig, sondern auch andere Faktoren, etwa plötzliche Veränderung der tatsächlichen Verhältnisse, Wechsel der Wirtschaftslage usw. Es würde die Qualität der Norm viel entscheidender treffen, wenn man sie ohne Rücksicht auf diese Umstände im Namen der Vollzugsbeschleunigung anwendete.

---

[192] Festschrift Molitor, S. 166.
[193] Vgl. zu dieser Bedeutung des Tarifvertrages *Nikisch*, Arbeitsrecht, 2. Aufl. 1959, Bd. II, S. 204; zu den Grundgedanken des kollektiven Arbeitsrechts s. auch *Hueck/Nipperdey*, Lehrbuch, 7. Aufl., Bd. 2, Hlbd. 1, S. 19 ff., 25 ff., mit umfangreichen Nachweisen.
[194] „Der Auslegung bedarf jedes, noch so präzis gefaßte Gesetz; denn die Rechtssätze können nicht anders als abstrakt lauten und müssen daher in der Anwendung auf die konkreten Tatbestände des Lebens zu Zweifeln Anlaß geben, um so mehr, als die Rechtssätze nicht unvermittelt und unabhängig nebeneinander stehen, sondern in jedem einzelnen Fall zu einem Gesamtresultat zusammen wirken müssen"; *v. Tuhr*, Allg. Teil, Bd. 1, S. 36 ff.; *Herschel*, Festschrift Molitor, S. 166.

§ 3 Die Auslegung des normativen Teils   49

Vor allem würde dann die Gefahr der „Unruhe, Verärgerung und Verdrossenheit"[196] viel unmittelbarer sein, als wenn die tarifliche Bestimmung von dem Rechtsanwender ihren endgültigen Sinn durch Auslegung erlangt.

Der Text eines Tarifvertrages läßt folgende Merkmale erkennen:

Erstens die Bemühung der Tarifpartner, einen möglichst kürzeren, synoptischen, und der Fassung nach dem Gesetz ähnlichen Tarifvertragstext zu formulieren. Sie übernehmen häufig die systematische Gliederung des Gesetzgebers, indem sie den Text in Paragraphen, Absätze und Sätze teilen, was für die systematische Auslegung von Bedeutung ist[197].

Zweitens, daß der Wortlaut des Tarifvertrages nicht typisch juristisch ist, sondern für den Juristen öfter eine „terra incognita" darstellt, durch den Gebrauch von termini technici, denen gegenüber sich der Jurist völlig hilflos fühlt. Die Auslegung dieses Textes setzt zunächts ein Verständnis der verschiedenen Begriffe voraus, wobei der Richter auf Fachleute oder Fachlexika angewiesen ist[198].

Und *drittens*, daß die Tarifpartner öfter sogenannte tarifliche Begriffe erfinden und einführen, die weder durch Fachleute erklärt werden können, weil sie keine spezifisch technischen Begriffe sind, noch dem Juristen zugänglich sind. Sie sind von den Tarifpartnern gestaltete Begriffe des Arbeitslebens[199].

Diese von den Bedürfnissen des Arbeitslebens hervorgerufenen Begriffe bereiten dem Richter die größten Schwierigkeiten. Ihretwegen ergeben sich die meisten Auslegungsstreitigkeiten. Erst nachdem der Rechtsanwender sie verstanden hat, kann er den Tarifvertrag überhaupt anwenden. Zu diesem Zweck muß er ermitteln, was die Urheber des Tarifvertrages jeweils gemeint hatten. Mit diesem Problem werden wir uns im folgenden beschäftigen.

a) Die Auslegung von tariflichen Begriffen

Eine der wichtigsten Aufgaben der Sozialpartner bei der Fassung des Textes eines Tarifvertrages ist, die Inhaltsnormen der ihm unterliegenden einzelnen Arbeitsverträge zu bestimmen. Die Regeln über den Inhalt der Arbeitsverhältnisse befassen sich in erster Linie mit den Pflich-

---

[195] *Herschel*, Festschrift Molitor, S. 166 f.
[196] So wörtlich *Herschel*, Festschrift Molitor, S. 166; ders., Die typologische Methode und das Arbeitsrecht, Festschrift Otto Kunze, 1969, S. 225 f.
[197] s. dazu unten § 3, C II 2.
[198] Die Entwicklung und die Bedürfnisse haben sogar zu einer besonderen Sprache — die Sprache des Arbeitslebens — geführt; vgl. *Bychelberg*, Auslegung der Begriffe „Maschinenbediener" — „Hilfskräfte an Maschinen" in einem Tarifvertrag, DB 1961, S. 811 ff.
[199] So etwa für Begriffe, die spezielle Kenntnisse voraussetzen, BAG v. 5. 2. 1971, AP Nr. 120 zu § 1 TVG Auslegung, zum Begriff „Unterbringung".

ten der Vertragsparteien und den ihnen korrespondierenden Rechten, als auch mit dem Beginn und mit der Beendigung der Arbeitsverhältnisse und gegebenenfalls mit schiedsgerichtlichen Kompetenzen[200]. Dabei sind besonders wichtige tarifliche Normen die Bestimmungen über die Lohnzahlungspflicht des Arbeitgebers und die sie begleitenden Faktoren (Art der Arbeit, Eingruppierung in Lohnklassen, Lohnhöhe, zusätzliche Zuwendungen usw.).

Bei der Auslegung der Normen über den Inhalt der Arbeitsverhältnisse geht die herrschende Lehre von der Andeutungstheorie aus. Maßgeblich ist der Wille der Parteien, der in dem Tarifvertrag einen, wenn auch unvollkommenen, Ausdruck gefunden hat[201]. Nach der von der Rechtsprechung und Rechtslehre anerkannten Tarifvertragsauslegung, sind die Tarifnormen nach den Grundsätzen der Gesetzesauslegung zu interpretieren, so daß der Wille der Tarifpartner nur dann berücksichtigt werden kann, wenn er in dem Tarifvertrag einen erkennbaren Ausdruck gefunden hat[202]. Die herrschende Meinung schließt die Erforschung des Willens theoretisch nicht aus[203]. In der Praxis folgt sie jedoch der objektiven Auslegungsmethode, nach welcher ein von dem Wortlaut der Tarifnorm abweichender gemeinsamer Wille der Tarifvertragsparteien unbeachtlich bleiben muß, wenn er in dem Text keinen Ausdruck gefunden hat[204]. Maßgebend für die richterliche Praxis scheint einmal die Überlegung, daß sich die Tarifnormen an unbestimmt viele Personen richten und auf der anderen Seite die Möglichkeit der Tarifpartner, ihren Willen durch Änderung des Tarifvertrages zum Ausdruck zu bringen[205].

---

[200] Vgl. TVG § 1 Abs. 1; *Hueck/Nipperdey/Stahlhacke*, TVG Kommentar, 4. Aufl. 1964, S. 58, Anm. 43 ff.
[201] *Hueck/Nipperdey*, Lehrbuch des Arbeitsrechts, 7. Aufl. Bd. 2, Hlbd. 1, S. 356 ff.; *Nikisch*, Arbeitsrecht, 2. Aufl. Bd. 2, S. 219 - 222; *Hueck/Nipperdey/Stahlhacke*, TVG, 4. Aufl., § 1 Anm. 188 - 198.
[202] So die bisher ständige Rechtsprechung des BAG; s. z. B. BAG v. 26. 4. 1966, AP Nr. 117 zu § 1 TVG Auslegung (*Hueck*), BAG v. 4. 11. 1970, AP Nr. 119 zu § 1 TVG Auslegung (*Herschel*); BAG v. 20. 11. 1970, AP Nr. 8 zu § 72 BetrVG. Aus der herrschenden Lehre statt aller *Hueck/Nipperdey*, Lehrbuch II/I, S. 356 ff.
[203] So etwa BAG v. 26. 9. 1957, AP Nr. 10 zu § 1 TVG Auslegung: „Der in § 133 BGB für die Auslegung privatrechtlicher Willenserklärungen niedergelegte Grundsatz gilt auch für die Auslegung von Tarifverträgen; BAG v. 10. 9. 1962, AP Nr. 115 zu § 1 TVG Auslegung: „Der in § 133 BGB für die Auslegung privatrechtlicher Willenserklärungen niedergelegte Grundsatz gilt auch für die Auslegung von Gesetzen und damit auch für die ihrem Charakter nach objektives Recht darstellenden Bestimmungen des normativen Teils eines Tarifvertrages." Es ist klar, daß dadurch das BAG sich vor dem Vorwurf hüten will, es ließe den § 133 BGB außeracht; deswegen bekennt es sich einerseits zur Willensforschung, andererseits jedoch schließt es diese Forschung insoweit aus, als es nur den zum Ausdruck gekommenen Willen maßgebend wissen will.
[204] Vgl. oben Fußn. 202.
[205] Dieses letzte Argument vermag jedoch nicht zu überzeugen. Denn sollte eine Änderung des Tarifvertrages unternommen werden, dann läge wieder eine Willenserklärung vor, die auslegungsbedürftig wäre.

§ 3 Die Auslegung des normativen Teils

Das Problem der Auslegung von tariflichen Begriffen wird, wie gesagt[206], dadurch kompliziert, daß die Tarifverträge Ausdrücke des Arbeitslebens enthalten. In derartigen Fällen ist dem Richter eine gewisse Vorsicht geboten, vor allem wenn er mit der Sprache des Arbeitslebens nicht vertraut ist[207]. Denn die allgemeine Begriffswelt kann in solchen Fällen kein entscheidendes Erkenntnismittel sein. Nimmt man etwa das Wort „Überarbeit" als Beispiel, so sieht man, daß es an einer festen, konkreten Bedeutung fehlt. In der juristischen Sprache wird das Wort häufig als Synonym für jede Mehrarbeit verwendet, ohne Rücksicht darauf, ob sie vor oder nach der normalen Arbeit, ob sie im unmittelbaren Anschluß *vor, daran* oder *im* zeitlichen Abstand *dazu* geschieht. Der Sprachgebrauch des täglichen Lebens benutzt den Begriff „Überstunden" ebenfalls als Synonym für jede Mehrarbeit[208].

Ein anderes Beispiel bietet der Begriff „Schichtarbeit". Darunter kann man rein sprachlich „Arbeit in einer Schicht" verstehen, nämlich der Schicht, in der der Arbeitnehmer arbeiten muß. Wohl aber kann man auch darunter „Arbeit in mehreren Schichten" verstehen[209].

Gesetzliche Normen können zur Auslegung solcher Begriffe nicht herangezogen werden, denn gesetzlich sind die meisten nicht bestimmt. Um auf das letzte Beispiel zurückzukehren: In der Arbeitszeitordnung (§ 2 Abs. 2) wird der Begriff der Schichtzeit, nicht aber der der Schichtarbeit verwendet und damit wird die Schichtzeit der Arbeitszeit gleichgestellt. Die arbeitszeitliche Bedeutung dieser Regelung über die Schichtzeit ist klar; sie besagt jedoch noch nichts über den Begriff der Schichtarbeit[210].

Ähnliche Probleme und Schwierigkeiten bereitet die Eingruppierung der Arbeitnehmer in verschiedene Lohnklassen. Die Begriffe, die die Tarifparteien als Stichworte für die entsprechenden Lohngruppen gebrauchen, sind meistens schwer zu unterscheiden. Die Arbeitsverteilung wird durch die technologische Entwicklung so subtil, daß die Bezeichnung der Lohngruppen, je nach der Tätigkeit des Arbeitnehmers, dem Dritten als voneinander unabgrenzbar erscheint (z. B. Gruppe A „Ingenieure" im Gegensatz zur Gruppe B „Gehobene Ingenieure"[211], oder

---

[206] s. oben § 3, C I 2.
[207] Vgl. *Herschel* in Festschrift Molitor, S. 184.
[208] Vgl. BAG v. 10. 10. 1957, AP Nr. 12 zu § 1 TVG Auslegung.
[209] Vgl. BAG v. 15. 11. 1957, BAGE 5, 108.
[210] BAG wie oben Fußn. 209; LAG Bad.-Württ. v. 8. 12. 1961, AuR 1962, S. 185; „Einen allgemeinen Sprachgebrauch, der jede Schichtarbeit, soweit sie in die Zeit nach 20 Uhr hineinragt, als Nachtschichtarbeit bezeichnet, gibt es nicht."
[211] Um die Eingruppierung der Toningenieure des Norddeutschen Rundfunks in die Gehalts- bzw. Entlohnungsgruppen des für den NDR geltenden Haustarifvertrages erhoben sechs Toningenieure Klage vor den Arbeitsgerichten, die vom LAG Hamburg im wesentlichen zugunsten der Toningenieure entschieden wurde. Auf Revision des NDR hat der erste Senat des BAG erneute Verhand-

„Qualifizierte Facharbeiter" im Gegensatz zu „Hochqualifizierte Facharbeiter"). Solche Begriffe geben Anlaß zu Streitigkeiten, die sich bereits im betrieblichen Bereich auswirken können. Diese Auslegungsfragen, die zu gewissen Härten führen können, beschäftigen häufig die Arbeitsgerichte. Befaßt sich der Rechtsanwender mit ihnen (so etwa mit der Eingruppierung des Klägers in die einschlägige Lohngruppe), so hilft ihm der Normtext kaum. Stellt er auf den Wortlaut ab, so ergibt dieser lediglich, daß die Tarifpartner die verschiedenen Begriffe jeweils im unterschiedlichen Sinne gebraucht haben. Welcher dieser Sinn ist, bleibt dem Richter oft geheim. Der Tarifvertrag läßt in der Regel nicht erkennen, worin das Kriterium für diesen Unterschied besteht.

Die Rechtsprechung des BAG hat für diesen Fall die Auslegungskriterien in einer Stufe gebaut, ohne Rücksicht auf die Meinung, daß „die wahre Kunst" der Auslegung auf einer richtigen Abwägung aller Auslegungsgesichtspunkte beruht[212]. „Läßt der Wortlaut keine ausreichende Erklärung ermitteln, so sind in erster Linie der Gesamtzusammenhang, in zweiter Linie die Tarifgeschichte und Tarifübung, drittens die Entstehungsgeschichte des streitigen Tarifvertrages, und letztlich die Anschauung der beteiligten Berufskreise zur Zeit der Entstehung des Tarifvertrages heranzuziehen[213]."

Nach dieser Rechtsprechung stehen also die verschiedenen Auslegungsprinzipien in einer Rangordnung. Der Interpretationsprozeß soll in Stufen unternommen werden und erst wenn der Sinn der umstrittenen Bestimmung sich nach dem einen Auslegungskriterium nicht ermitteln läßt, soll das nächste folgerichtig berücksichtigt werden.

Betrachtet man diesen „Stufenbau" des BAG näher, so gibt das Anlaß zu folgenden Überlegungen: Beschreitet das Gericht diesen Weg, ohne zu einer befriedigenden Auslegung zu gelangen[214], so muß es den Tarifvertrag für auslegungsunfähig bzw. für sinnlos erklären. Das führt zu dem Ergebnis, daß der Tarifvertrag nichtig oder zumindest teilnichtig ist. Dem entspricht insbesondere der Standpunkt der herrschenden Meinung, nach der der Tarifvertrag Gesetz im materiellen Sinne ist

---

lung des Rechtsstreites vor dem LAG angeordnet mit der Begründung, das LAG habe den Begriff „gehobener Toningenieur" nach einer nachträglich von ihm angenommenen Betriebspraxis ausgelegt. Eine solche Auslegung des Tarifvertrages sei jedoch mit dem Grundsatz der Schriftlichkeit des Tarifvertrages nicht vereinbar. Das BAG gibt dennoch zu, daß die Entwicklung eines Gewohnheitsrechts, das sich unabhängig vom Tarifvertrag bildet, denkbar ist. Ein solches Gewohnheitsrecht läge aber nicht vor. Gerade die Durchführung des Prozesses spreche dagegen, daß die Parteien von einer bestimmten Wertung ausgehen; BAG v. 26. 4. 1966, AP Nr. 117 zu § 1 TVG Auslegung (*A. Hueck*).
[212] *Enneccerus/Nipperdey*, § 56 IV.
[213] So BAG v. 26. 4. 1966, AP Nr. 117 zu § 1 TVG Auslegung.
[214] Wie bei der Auslegung des Begriffs „gehobene Toningenieure"; vgl. Fußn. 211.

§ 3 Die Auslegung des normativen Teils

und wegen seiner normativen Wirkung dem Rechtsstaatsprinzip unterworfen ist[215]. Gegen dieses Prinzip verstoßen unklare und unverständliche Tarifbestimmungen[216].

Infolgedessen muß die jeweils vorliegende Klage als tariflich unbegründet abgewiesen werden, denn ein gültiger Tarifvertrag liegt nicht vor. Gibt es weiter eine die Klageforderung tragende einzelvertragliche Regelung, so ist die Klage nach dem Inhalt des Arbeitsvertrages zu beurteilen. Ist kein Vertrag vorhanden, oder trägt keine vertragliche Regelung die Klageforderung, so muß die Klage als unbegründet abgewiesen werden. Das gleiche muß folgerichtig auch für den Fall gelten, daß die Parteien des einzelnen Vertrages auf die — nicht existierenden — tariflichen Bestimmungen hingewiesen haben.

Leitet man diese Schlüsse aus dem Rechtsstaatsprinzip[217] bzw. aus der Idee der Rechtssicherheit, so verkennt man, daß dieses Prinzip nur den Gesetzgeber verpflichtet[218]. Die Tarifpartner treffen zwar Vereinbarungen, die sich, ihrer normativen Wirkung nach, gesetzesähnlich auswirken; diese bleiben jedoch ihrem Wesen nach, Verträge privatrechtlichen Charakters[219], deren Schöpfer keine gesetzgeberische Macht haben. Für die Tarifunterworfenen mögen diese Vereinbarungen der entscheidende Faktor für die Beeinflussung ihrer Arbeitsverhältnisse sein. Gesetzgeber bleibt dennoch nur der von der Verfassung als solcher bestimmte, der die Macht hat, den Privaten die Befugnis zu autonomer Regelung ihrer Rechtsverhältnisse zu verleihen. Die Übertragung des Rechtsstaatsprinzips auf das Gebiet des kollektiven Arbeitsrechts und die Anerkennung der Bindung der Tarifpartner an dieses, ist also insoweit nicht überzeugend[220]. Ein unklarer Tarifvertrag kann infolgedessen nicht wegen Verstoßes gegen das Rechtsstaatsprinzip nichtig sein. Der Staat hat kein *primäres* Interesse an einer klaren und voraussehbaren Regelung der einzelnen Arbeitsverhältnisse. Die Gestaltung der Arbeitsbedingungen kann freilich dem Staate nicht gleichgültig sein. *Primär* sind jedoch die unmittelbaren Träger des Arbeitslebens daran interessiert, zugunsten derer der Staat von der Aufstellung der Arbeitsbedingungen sich zurückgezogen hat. Nicht zuletzt haben die Tarifunterworfenen Interesse an

---

[215] *Hueck/Nipperdey*, Lehrbuch, Bd. II, I, S. 390.
[216] Diese Meinung trägt die Relativität mit sich. Schon aus dem Vorbehalt, „unvollkommene und mißverständliche Ausdrucksweise genügt nicht, um einen Verstoß gegen die Rechtssicherheit zu begründen", zeigt sich deutlich, daß sie die Grenzen nicht zu ziehen vermag; *Hueck/Nipperdey*, S. 390 f.
[217] Wie z. B. *Hueck/Nipperdey*, S. 390 f.
[218] Vgl. *Leibholz/Rinck*, Grundgesetz, 4. Aufl. 1971, S. 395, Anm. 21: „Art. 20 Abs. III GG gilt unmittelbar nur für den Bundesgesetzgeber ... und auch für die Landesgesetzgeber; vgl. auch *Mangoldt/Klein*, Das Bonner Grundgesetz, 1957, Bd. I, S. 602.
[219] Vgl. oben § 3, B I.
[220] s. dazu *Peters*, Geschichtliche Entwicklung und Grundfragen der Verfassung, 1969, S. 195 ff.

Bestand und Gültigkeit des Tarifvertrages. Von diesem Ausgangspunkt soll der Rechtsanwender ausgehen und sich darum bemühen, bei der Auslegung eines Tarifvertrages den Zweck der in Frage kommenden Bestimmungen zu ersehen. Die Anwendung des Tarifvertrages in der Praxis des Betriebes bietet ihm nicht zuletzt eine zusätzliche Erkenntnisquelle, als Spiegel der Anschauungen der unmittelbar betroffenen Berufskreise[221].

b) Die Verwendung von allgemeinen Rechtsbegriffen

In dem Text eines Tarifvertrages sind öfter Begriffe zu finden, die sich in der juristischen Sprache mit einer besonderen Bedeutung etabliert haben, sei es durch die Rechtsprechung, sei es durch die Lehre. In solchen Fällen ist es problematisch, ob die Tarifpartner mit diesen Begriffen den allgemeinen juristischen Sinn wiedergeben oder ob sich vermuten läßt, daß sie ihnen eine andere Bedeutung beimessen wollen.

Das Problem wurde u. a. bei der Auslegung des Wortes „Betriebsunfall" klar[222]. Die Arbeitnehmerin erlitt auf dem Wege zur Arbeitsstätte mit ihrem Fahrrad einen von ihr nicht verschuldeten Unfall. Es fragte sich, ob der Begriff des Betriebsunfalls, von welchem in dem einschlägigen Tarifvertrag schlechthin die Rede war, auch den Wegeunfall miteinbezog. Das BAG hat zunächst unterstellt, ein Unfall, der auf dem Wege zur Arbeit erfolge, sei ein solcher, der sich aus Anlaß und im Zusammenhang mit der Arbeit ereignete. Dann ging es vom Sinn und Zweck der einschlägigen Vorschriften des Tarifvertrages aus. Der Sinn und Zweck ginge dahin, den im Zusammenhang mit der Arbeit unverschuldet schwer verunglückten Arbeitnehmer besser zu stellen als denjenigen, der ohne Zusammenhang mit der Arbeit einen unverschuldeten Unfall erleide. Demzufolge könne es keinen sachlichen Unterschied machen, ob sich der im Zusammenhang mit der Arbeit geschehene schwere Unfall innerhalb oder außerhalb der Betriebsstätte vollziehe.

Nach dieser Feststellung griff das BAG auf den Wortlaut des Tarifvertrages zurück[223] und nahm an, von den in Frage kommenden Vorschriften würden auch unverschuldete schwere Wegeunfälle umfaßt: „Mit dem Wort ‚Betriebsunfall' haben die Tarifparteien einen Begriff verwendet, der seit 1925 einen festen gesetzlichen Inhalt hat und den

---

[221] Vgl. BAG v. 27. 3. 1968, DB 1968, 1406; BAG v. 4. 7. 1966, AP Nr. 118 zu § 1 TVG Auslegung.
[222] BAG v. 14. 11. 1957, AP Nr. 13 zu § 1 TVG Auslegung (*Tophoven*). Mit der Auslegung von Begriffen, die in der Rechtsterminologie einen bestimmten Inhalt haben, beschäftigen sich die Entscheidungen des BAG v. 4. 11. 1970, AP Nr. 119 zu § 1 TVG Auslegung (*Herschel*) („Sollvorschrift"); BAG v. 5. 2. 1971, AP Nr. 120 zu § 1 TVG Auslegung (*Crisolli*) („Haushaltsplan"). Beide Entscheidungen bleiben bei der Auffassung, daß, wenn ein Tarifvertrag einen Begriff verwendet, der in der Rechtsterminologie einen festen Inhalt hat, von seiner allgemein gültigen Bedeutung auszugehen ist.

Wegeunfall mit einbegreift. Denn seit dieser Zeit ist infolge der durch das 2. Gesetz über Änderung der Unfallversicherung vom 14. 7. 1925 erfolgten Einfügung des § 545a RVO der Wegeunfall dem Betriebsunfall gleichgestellt. Man muß daher, soweit nicht sichere Anhaltspunkte für eine abweichende Auslegung gegeben sind, davon ausgehen, das die Tarifparteien das meinten, was seither darunter verstanden wurde. Hätten die Tarifpartner, trotz der ersichtlich gewollten begünstigten Behandlung der im Zusammenhang mit der Arbeit schuldlos und schwer verunglückten Arbeitnehmer, unter ‚Betriebsunfälle' nicht die Wegeunfälle mit einbegreifen wollen, so mußten sie das ausdrücklich hervorheben. Aus dem bloßen Umstand, daß von ‚Betriebs-' und nicht von ‚Arbeitsunfällen' gesprochen wird, ergibt sich kein Anhaltspunkt dafür, daß damit lediglich Unfälle ‚im' Betrieb gemeint seien."

Die Methode, der diese Entscheidung des BAG folgt, gibt Anlaß zur Kritik. Das BAG bildet ein Urteil, indem es das zu beweisende als schon bewiesen unterstellt, nämlich daß, bzw. ob das Wort „Betriebsunfall" nach dem Willen der Tarifpartner den Wegeunfall in sich einschließt. Als Begründung wird der angeblich feste Inhalt des Begriffs geltend gemacht. Damit geht aber das BAG an dem Hauptproblem vorbei, daß allgemeinen juristischen Begriffen öfter ein fester Inhalt fehlt[224]. Die Frage,

---

[223] Der einschlägige Tarifvertrag bestimmte folgendes:
§ 9 Unverschuldete Arbeitsversäumnis
I. Dem ArbN, der aus persönlichen Gründen ohne sein Verschulden für eine verhältnismäßig nicht erhebliche Zeit an der Arbeitsleistung verhindert ist (§ 616 BGB), wird der Lohn fortgezahlt:
A. ...
B. ...
C. für den Rest des Arbeitstages bei Unglücksfällen im Betrieb, wenn der von dem Unfall Betroffene die angeordneten und vorhandenen Schutzmaßnahmen beachtet und nicht grobfahrlässig gehandelt hat.
§ 10 Zuschuß zum Krankengeld
1. Ist der Arbeitnehmer, welcher verheiratet ist oder als unterhaltspflichtiger Haupternährer Unterhalt leistet, an der Leistung der Arbeit verhindert, weil er ohne eigenes Verschulden erkrankt ist oder einen Unfall erlitten hat, so sind ihm nach sechsmonatiger Betriebszugehörigkeit
in der 3. und 4. Krankheitswoche je 10 v. H.
in der 5. und 6. Krankheitswoche je 20 v. H.
in der 7. und 8. Krankheitswoche je 30 v. H.
des Durchschnittsnettolohnes je Woche als Zuschuß zum Krankengeld zu zahlen. Der Durchschnittsnettolohn wird aus dem Verdienst im letzten Kalendermonat errechnet.
2. ...
3. ...
4. Bei unverschuldeten schweren Betriebsunfällen beginnt die Zuschußzahlung zum Krankengeld am Tage nach dem erlittenen Unfall, und zwar:
in der 1. bis 4. Krankheitswoche je 10 v. H.
in der 5. bis 6. Krankheitswoche je 20 v. H.
in der 7. bis 10. Krankheitswoche je 30 v. H.
gemäß Abs. 1 Diese Bestimmung gilt in Abweichung von Abs. 1 auch für sämtliche unverheirateten ArbN.

ob der in dem Tarifvertrag häufig wiederkehrende Begriff des Betriebsunfalls den Wegeunfall umfaßt, ist nach 1945 wieder umstritten, nachdem sie vorher durch die Rechtsprechung des BAG für die Praxis geklärt schien. Das BAG folgt der Rechtsprechung des RAG, obwohl im Jahre 1942 die Vorschriften der RVO geändert worden sind und an Stelle des Wortes „Betriebsunfall" das Wort „Arbeitsunfall" getreten ist[225]. Gegenüber der Auffassung des BAG wurde die Meinung unterstützt, der Begriff des Betriebsunfalls könne nicht mehr als ein so feststehender angesehen werden. Vielmehr sollte das Gewicht darauf gelegt werden, ob die Tarifparteien im Rahmen ihrer Tarifautonomie mit dem Wort „Betriebsunfall" einen vom „Arbeitsunfall" abweichenden Begriff gestalten wollten[226]. Das erwähnte Urteil führt zwar zu keinem unvertretbaren Ergebnis; allerdings ist der Ausgangspunkt der Annahme, daß hiermit dem Begriffsinhalt von 1925 Rechnung getragen wird, sehr gefährlich. Das wird im folgenden Beispiel deutlich: Nehmen wir an, der Wortlaut eines Tarifvertrages lautet: „Verträge die zwischen Arbeitgebern und Arbeitnehmern abgeschlossen werden, bedürfen der Schriftform"[227]. Zieht man die normative und zwingende Wirkung der Tarifbestimmungen in Betracht, so entspricht diese Formulierung dem Wortlaut, den die Rechtsordnung auch sonst wählt, um eine Form mit konstitutiver Wirkung vorzuschreiben, und so an den Mangel der Form die in § 125 Satz 1 BGB bestimmte Nichtigkeit zu knüpfen (z. B. das BGB in den §§ 311, 312 Abs. 2 Satz 2, 313 usw., die ZPO in § 1027, nicht zuletzt das TVG in § 1 Abs. 2).

Der Wortlaut der Tarifbestimmung entspricht also dem, der auch sonst eine konstitutive Wirkung des Formzwangs ausdrücken soll. Geht man von dem Grundsatz aus, die Tarifparteien wollten den allgemeinjuristischen Sinn wiedergeben, so kommt man leicht zu dem Ergebnis, ein besonderer Hinweis auf die in § 125 BGB angeordnete Nichtigkeit

---

[224] Vgl. die Anmerkung von *Tophoven* zu der erwähnten Entscheidung.

[225] Vgl. § 550 RVO, Abs. 1, Satz 1: „Als *Arbeitsunfall* gilt auch ein Unfall auf einem mit einer in den §§ 539, 540 und 543 bis 545 genannten Tätigkeiten zusammenhängender Weg nach und von dem Ort der Tätigkeit." Die begriffliche Klarstellung des Wegeunfalls scheint um so dringlicher, als der Wegeunfall für die Unfallversicherungsprobleme eine große Bedeutung hat. Für die Unfallversicherung fragt es sich nämlich, welche Wege geschützte Wege im Sinne des § 550 RVO sind und welche nicht. Der Judikatur ist noch nicht gelungen, für die Abgrenzung des versicherten Arbeitsweges von ungeschützten Wegen generelle Kriterien zu entwickeln. Vielmehr neigt die Rechtsprechung des BSG dazu, den Begriff des Wegeunfalls am Fall orientiert möglichst weit zu fassen; vgl. auch das maßgebende Urteil des RAG v. 17. 11. 1928 (ArbRSlg., Bd. 4, S. 158).

[226] s. *Balve*, Begriff des Betriebsunfalls in Tarifverträgen, BB 1953, 916; *Maurer*, Betriebsunfall und Wegeunfall in Tarifverträgen, RdA 1955, 101.

[227] Vgl. die Übersichten bei *Hueck/Nipperdey*, Lehrbuch, 7. Aufl., Bd. 1, S. 168 ff.; *Nikisch*, Arbeitsrecht, 3. Aufl., Bd. 1, S. 181. Für den Abschluß von Arbeitsverträgen gilt der Grundsatz der Formfreiheit von Privatrechtsgeschäften. Dieser Grundsatz kann durch Gesetz oder Tarifvertrag durchbrochen werden.

sei entbehrlich; die formlos abgeschlossenen Verträge seien trotzdem nichtig.

Es ist sehr fraglich, ob eine solche Auslegung dem Willen der Tarifpartner entsprechen würde. Vielmehr ist zu prüfen, ob die Tarifparteien eine deklaratorische Form gewollt haben, damit die Parteien des einzelnen Arbeitsvertrages seinen schriftlichen Abschluß verlangen können[228]. Anders wird freilich dann zu entscheiden sein, wenn der Wortlaut der entsprechenden Tarifbestimmungen keinen Zweifel läßt, daß die Tarifparteien die Schriftform mit konstitutiver Wirkung vorgeschrieben haben(so z. B. im Falle, daß der Wortlaut lautet: „Die Arbeitsverträge müssen schriftlich abgeschlossen werden"). Dann aber nicht, weil dieser Wortlaut mit dem sonst üblichen gesetzlichen im Einklang steht, sondern lediglich weil die Tarifpartner es gewollt haben.

Die Entscheidung, ob eine tarifliche Formvorschrift eine konstitutive oder deklaratorische Wirkung hat, muß sich nach dem Normzweck richten[229]. Dabei verdient das Interesse des Arbeitnehmers am Zustandekommen des Vertrages sowie sein Schutz vor einer eventuellen Nichtigkeitserklärung seines formlosen Arbeitsvertrages bei tatsächlich geleisteter Arbeit besondere Beachtung. Diese Erwägungen sprechen dafür, daß, soweit es der Wortlaut der Tarifbestimmung zuläßt, einer tariflichen Formvorschrift eine deklaratorische Wirkung beizumessen ist[230].

c) Zur Auslegung von Ausschlußfristen

Die Tarifparteien machen sehr oft Gebrauch des ihnen von dem Gesetzgeber eingeräumten Privilegs zur Festlegung von Ausschlußfristen für die Geltendmachung tariflicher Ansprüche[231]. Mit dem Ablauf dieser Fristen erlischt das korrespondierende Recht; dieses Erlöschen ist von Amts wegen zu berücksichtigen[232].

Die Ausschlußfristen sind sowohl von der aus § 242 BGB abgeleiteten Verwirkung, als auch von der gesetzlichen Verjährung zu unterschei-

---

[228] Vgl. *Hueck*, BB 1949, S. 355; *ders.*, D-Blattei „Tarifvertrag IV", „Tarifvertrag V", B II, I; *Hueck/Nipperdey*, Bd. II, Hlbd., I, S. 531; *Kalomiris*, Der normative Teil des Tarifvertrages, 1955, S. 23; *Maus*, TVG, § 4, Anm. 40; *Hueck/Nipperdey/Stahlhacke*, TVG, § 4, Anm. 46; *Kaskel/Dersch*, Arbeitsrecht, 5. Aufl., S. 67; *Schoner*, Formvorschriften für Einstellungen in Tarifverträgen, BB 1969, S. 182 ff.
[229] Die tarifliche Formvorschrift kann verschiedenen Zwecken dienen, etwa der Abschlußklarheit, der Inhaltsklarheit, der Beweissicherheit, nicht zuletzt auch Warnzwecken.
[230] Formvorschriften dienen vorwiegend dem Schutz des ArbN; a. A. *Ballerstedt*, BAT, § 4, Anm. 2. Seiner Meinung nach liegt es im allgemeinen besonders im Interesse des Arbeitgebers, wenn er auf dem schriftlichen Vertrag besteht, da Unklarheiten und Beweisschwierigkeiten meist zu seinen Lasten gehen.
[231] § 4, Abs. 4, Satz 3 TVG.
[232] Vgl. *Larenz*, Allg. Teil, 2. Aufl., 1972, S. 191, 201; *Hueck/Nipperdey*, Bd. 2, Hlbd. 1, S. 631; *Siebert*, BB 1955, 70; Gegen die Berücksichtigung von Amts wegen *Joachim*, RdA 1954, 1 ff.

den[233]. Denn die Verwirkung von tariflichen Rechten ist von dem Gesetzgeber des TVG ausgeschlossen[234]. Andererseits hindert die Verjährung bekanntlich nur die Geltendmachung des Anspruchs, vernichtet aber nicht das Recht. Die Tatsache also, daß im Tarifvertrag oft von „Verwirkung" die Rede ist, soll nicht täuschen. Es handelt sich lediglich um eine falsche Bezeichnung[235]. Die Notwendigkeit einer möglichst schnellen Klärung der Verhältnisse zwischen Arbeitgeber und Arbeitnehmer ist der Grund für die Zulassung der Ausschlußfristen im Tarifvertragstext gewesen[236]. Ein Blick auf verschiedene Tarifverträge zeigt deutlich, daß die Tarifparteien von den gesetzlichen Verjährungsfristen stark abweichen. Während die letzten zwischen drei Monaten und 30 Jahren liegen[237], schwanken die tariflichen Ausschlußfristen durchschnittlich zwischen vier Wochen und drei Monaten[238].

Solche Fristen sollen vorwiegend den Arbeitnehmer veranlassen, seine Ansprüche frühzeitig geltend zu machen[239]. Sie gelten zwar teilweise auch für die Ansprüche des Arbeitgebers[240]; der Betroffene ist jedoch hauptsächlich der Arbeitnehmer[241].

Herrschende Lehre und Rechtsprechung sind darüber einig, daß tarifliche Ausschlußfristen „eng" auszulegen seien[242]. Die Einschränkung der Rechte der Arbeitsvertragparteien — vornehmlich des Arbeitnehmers — sei so stark, daß eine weitere Auslegung ihre rechtliche Position beeinträchtigen würde. Darüber herrscht Einstimmigkeit. Umstritten ist dagegen, ob diese Fristen nur vertragliche Ansprüche erfassen, oder ob sie sich in den Bereich der unerlaubten Handlungen erstrecken. Der Wortlaut der entsprechenden tariflichen Bestimmungen läßt in den meisten Fällen nicht erkennen, ob und inwieweit deliktische Ansprüche von den in dem Tarifvertrag vereinbarten Ausschlußfristen betroffen werden. In den Tarifverträgen wird oft gesprochen von:

---

[233] Vgl. *Larenz*, Allg. Teil, S. 201; *Gaul*, Tarifliche Ausschlußfristen, Abhandlungen zum Arbeits- und Wirtschaftsrecht, Bd. 14, S. 73 ff.
[234] TVG § 4, Abs. 4, Satz 2.
[235] Insofern ist die Formulierung von *Hueck/Nipperdey*, S. 631: „Ausschlußfristen oder Verwirkungsfristen" nicht zutreffend.
[236] Vgl. *Hueck/Nipperdey*, S. 631; *Gaul*, S. 81 ff.; *Etzel*, Tarifliche Ausschlußfristen und Ansprüche aus unerlaubten Handlungen, RdA 1968, 179; *Krevet*, BB 1969, 185 ff.; *Leser*, BB 1968, 171.
[237] Vgl. BGB §§ 490, 195.
[238] s. dazu die zahlreichen Tarifvertragstexte, vorgelegt von *Gaul*, Anhang, S. 97 ff.
[239] *Nikisch*, Lehrbuch, S. 476; *Hueck/Nipperdey*, S. 631.
[240] Solange zwischen den Ansprüchen des ArbN und des ArbG nicht differenziert wird — wozu es auch keinen Grund gäbe —, erfassen die Ausschlußfristen auch die Ansprüche des Arbeitgebers. Unklar *Hueck/Nipperdey*, S. 638.
[241] Es wäre insofern ungerecht, wenn man einerseits solche kurzen Fristen unter Berufung auf die Rechtsklarheit begründet, andererseits jedoch nur für arbeitnehmerische Ansprüche gelten läßt.
[242] Vgl. *Hueck/Nipperdey*, S. 635; *Gaul*, S. 48; BAG v. 19. 11. 1968, AP Nr. 39 zu § 4 TVG Ausschlußfristen.

§ 3 Die Auslegung des normativen Teils

„alle übrigen Ansprüche"
„alle Ansprüche aus dem Arbeitsverhältnis"
„alle übrigen tariflichen Ansprüche"
„alle sonstigen beiderseitigen Ansprüche aus dem Arbeitsverhältnis"
„alle beiderseitigen Ansprüche aus dem Arbeitsverhältnis und solche, die mit dem Arbeitsverhältnis in Verbindung stehen".

Sollte man unter „Arbeitsverhältnis" nicht lediglich den Arbeitsvertrag verstehen, so müßte man die Ausschlußfristen auch für deliktische Ansprüche gelten lassen.

Das Problem der Erstreckung der Ausschlußfristen im außervertraglichen Bereich hat den 4. Senat des BAG einerseits und den 1. und 3. Senat andererseits zu unterschiedlicher Rechtsprechung veranlaßt[243]. Der 4. Senat hat zu der Frage die Ansicht vertreten, ein Schadensersatzanspruch aus unerlaubter Handlung werde von der Ausschlußfrist nicht betroffen[244]. Denn ein Anspruch aus unerlaubter Handlung sei kein Anspruch aus dem Arbeitsverhältnis, das zwischen dem einzelnen Arbeitgeber und Arbeitnehmer besteht. Erwähnenswert ist, daß in dem entschiedenen Fall die unerlaubte Handlung des Arbeitnehmers darin bestand, daß er während einer Fahrt mit dem Kraftfahrzeug des Arbeitgebers, die ihm untersagt war, eine schuldhafte Beschädigung des Wagens verursacht hatte. Die unerlaubte Handlung hängt also in dem vorliegenden Fall so eng mit dem rechtsgeschäftlichen Verhältnis der Vertragsparteien zusammen, daß sie sich von einer positiven Vertragsverletzung kaum unterscheiden läßt. Geht man von dem Willen der Tarifparteien aus, so liegt es der Sache näher, daß die Sozialpartner diese subtile Differenzierung nicht beabsichtigt hatten[245].

Die Tatsache, daß in der Tarifpraxis die Tendenz immer deutlicher wird, durch Ausschlußfristen möglichst alle Ansprüche zu umfassen[246], spricht dafür, daß die Tarifparteien die mit dem Vertragsverhältnis in engem Zusammenhang stehenden Ansprüche in die Ausschlußfristen miteinbeziehen wollen. Das häufig vertretene Prinzip der engen Auslegung kann daher nicht als ein quasi Konkurrent des Tarifparteiwillens in Vordergrund treten[247]. Die Neigung, tarifliche Ausschlußfristen eng

---

[243] Vgl. BAG IV Senat, AP Nr. 36 zu § 4 TVG Ausschlußfristen; dagegen 1. Senat, AP Nr. 40 zu § 4 TVG Ausschlußfristen; BAG, III Senat, AP Nr. 37 zu § 4 TVG Ausschlußfristen.
[244] Der Tarifvertrag sah Ausschlußfristen nur für „Ansprüche aus dem Arbeitsverhältnis" vor; BAG v. 28. 6. 1967 IV Senat, AP Nr. 36 zu § 4 TVG Ausschlußfristen; kritisch *Sieg* in der angeschlossenen Anmerkung.
[245] *Sieg*, unter c.
[246] s. dazu *Gaul*, Anhang S. 97 - 126; *Etzel*, S. 179; *Krevet*, S. 185 ff.
[247] Für die enge Auslegung *Hueck/Nipperdey*, S. 635; *Nikisch*, 3. Aufl., Bd. I, S. 369; *Gaul*, S. 48; RAG in ARS 28, S. 56; BAG NJW 1958, S. 1460; BAG AP Nr. 12 zu § 1 TVG Auslegung; BAG AP Nr. 36 zu § 4 TVG Ausschlußfristen; BAG AP Nr. 4, 5 zu § 670 BGB; *Leser*, S. 171. Diese These ist jedoch nicht über-

auszulegen, kann, abgesehen von dem Mangel an Begründung, als Auslegungsprinzip nicht überzeugen. Wenn die Absicht der Tarifparteien dahin geht, die Rechtslage der einzelnen Vertragsparteien in der möglichst kürzesten Zeit aufzuklären und dadurch den Betriebsfrieden wiederherzustellen, ist die Erreichung dieses Zieles eher entscheidend, als die programmatische Anwendung eines Auslegungsgrundsatzes[248].

Die Durchsetzung der Meinung des ersten Senats[249], tarifliche Ausschlußfristen erstrecken sich auch auf deliktische Ansprüche, die mit dem Arbeitsverhältnis in Zusammenhang stehen, wenn die Tarifparteien nicht ausdrücklich etwas anderes bestimmen, verdient deshalb Beifall. Die Einwände, die gegen diese Meinung erhoben werden, stützen sich, abgesehen von dem Grundsatz der engen Auslegung, auf den allgemeinen Unterschied zwischen vertraglichen und deliktischen Ansprüchen[250]. Sie gehen jedoch an dem Problem der in einem engen Zusammenhang mit der durch den Arbeitsvertrag geschaffenen Rechtsstellung stehenden Ansprüche vorbei. Man kann nämlich stark annehmen, daß die Sozialpartner durch die Festlegung der Ausschlußfristen nicht gewollt haben, daß sie auch etwa den Anspruch des Arbeitgebers gegen den Arbeitnehmer, der in dem Haus des ersteren eingebrochen hat, erfassen. Andererseits ist es sehr wahrscheinlich, daß sie die Ansprüche, die aus unerlaubter Handlung entstehen, den Ausschlußfristen unterwerfen wollten, wenn sich die Handlung anläßlich der zu leistenden Arbeit vollzieht und mit ihr sehr eng zusammenhängt[251].

Schließlich sollte man der sich immer stärker durchsetzenden Tendenz Rechnung tragen, daß für Ansprüche, die sich auf mehrere Rechts-

---

zeugend. Sie meint, daß der Begriff „Ansprüche aus dem Arbeitsvertrag" oder „aus dem Arbeitsverhältnis" alle Ansprüche erfaßt, die die Parteien aufgrund ihrer durch den Arbeitsvertrag begründeten Rechtsstellung gegeneinander haben. Da die Schadensersatzforderungen den Parteien aufgrund des allgemeinen Gesetzes und nicht aufgrund ihrer durch den Arbeitsvertrag begründeten Rechtsstellung zustehen, müsse man die Ausschlußfristen nicht auf deliktische Schadensersatzansprüche ausdehnen. Abgesehen davon, ob man die Begriffe „Arbeitsvertrag" und „Arbeitsverhältnis" für identisch hält, spricht der Entwicklung der Aufstellung von Ausschlußfristen in Tarifverträgen dafür (vgl. oben § 3, C 2 c), daß die Tarifparteien heute alle gegenseitigen Ansprüche von den Ausschlußfristen erfaßt wissen wollen; skeptischer *Krevet*, S. 185 ff.

[248] Abgesehen davon ist ein solcher Grundsatz unergiebig, da der Sinn einer „engen" oder „weiten" Auslegung schwer zu fixieren ist; vgl. *Hofmann*, SAE 1970, S. 60; dazu grundlegend *Sieg/Gärtner*, Gemeinsame Anmerkung zu BAG AP Nr. 39 und 40 zu § 4 TVG Ausschlußfristen (unter 2).

[249] BAG v. 19. 11. 1968, AP Nr. 40 zu § 4 TVG Ausschlußfrist.

[250] So *Krevet*, BB 1969, S. 185; Das Urteil des 3. Senats v. 10. 8. 1967, AP Nr. 37 zu § 4 TVG Ausschlußfristen, hat zum ersten Mal überhaupt den Grundsatz verlassen, tarifliche Ausschlußfristen seien eng auszulegen und unter „Ansprüche aus Arbeitsverträgen" auch solche aus unerlaubter Handlung verstanden.

[251] Beispiel aus der Rechtsprechung: Roggendiebstahl begangen von dem als Treckerfahrer bei einer Landwirtschaft beschäftigten ArbN; vgl. ad hoc BAG v. 6. 5. 1969, AP Nr. 42 zu § 4 TVG Ausschlußfristen mit zust. Anm. von *Rittner*.

grundlagen stützen und zugleich aus demselben Lebenssachverhalt herrühren, in gewisser Hinsicht einheitliche Rechtsfolgen zu ziehen sind[252]. Es ist danach richtiger, nicht von einer Anspruchskonkurrenz zu sprechen, sondern von einer Mehrheit von Anspruchsgrundlagen[253]. Demzufolge gilt die für einen Anspruch kürzere Verjährungsfrist auch für den anderen Anspruch[254].

3. Zur Frage der authentischen Interpretation

Die authentische Interpretation ist bisher nur als eine Art von Gesetzesauslegung angesehen worden. Sie wird auch als Legalinterpretation bezeichnet. Darunter versteht man die Auslegung eines Gesetzes bzw. einer Gesetzesvorschrift durch einen neuen Rechtssatz[255]. Gegenüber einer solchen Auslegungsart ist man heute aus folgenden Gründen skeptisch[256]:

a) Eine authentische Interpretation bedeutet in Wahrheit keine Auslegung, sondern ein neues Gesetz bzw. einen Rechtssatz mit der Besonderheit, daß es so gelten soll als wäre sein Inhalt schon in dem ausgelegten Gesetz enthalten gewesen[257].

b) Legalinterpretationen bieten sich nicht als eine für die modernen Auslegungsprobleme geeignete Lösung an. Denn sie haben nur Bedeutung für die konkrete Bestimmung, deren Interpretation sie erhellen[258]. Dem Rechtsanwender bieten sie andererseits zusätzliche Schwierigkeiten, indem sie neue Rechtssätze bilden, die wieder Gegenstand einer wissenschaftlichen Auslegung sind[259].

c) Nicht zuletzt bedeutet das Wesensmerkmal der authentischen Interpretation, nämlich die *Allgemeinverbindlichkeit* dieser Auslegung, eine erhebliche Schwierigkeit für die eventuelle Anpassung des Gesetzes an veränderte Verhältnisse.

Dennoch kann dieser hauptsächlich definitorische Charakter der authentischen Interpretation noch heute nutzbar gemacht werden, wenn

---

[252] *Georgiades*, Die Anspruchskonkurrenz im Zivilrecht und Zivilprozeßrecht, München 1967, S. 167 ff.; vgl. *Leser*, S. 173; *Rittner* wie oben; *Sieg*, Anm. zu AP Nr. 36 zu § 4 TVG.
[253] *Sieg*, wie oben; *Larenz*, Allg. Teil, 2. Aufl. 1972, S. 208 ff.; *Georgiades*, S. 167, der den Ausdruck „Anspruchsnormenkonkurrenz" einführt.
[254] Daß Ausschlußfristen keiner abweichenden Behandlung bedürfen s. *Sieg*, Anm. zu AP Nr. 36 zu § 4 TVG.
[255] Vgl. *Enneccerus/Nipperdey*, Allg. Teil, § 53 II.
[256] Vgl. *Leibholz/Rinck*, Grundgesetz, 2. Aufl. Köln 1966, S. 9; *v. Mangoldt/Klein*, Das Bonner Grundgesetz, Bd. I, S. 6 ff.
[257] *Enneccerus/Nipperdey*, § 53 II.
[258] s. *Lüderitz*, Die Auslegung des Rechtsgeschäfts, S. 233 ff.
[259] Vgl. *Mangoldt/Klein*, Bd I, S. 6 ff.

man von den Problemen, die durch eine Rückwirkung des *interpretierenden* Rechtssatzes entstehen können, absieht[260].

Insbesondere im Bereich der Tarifvertragsauslegung ist weitgehend anerkannt, daß die Tarifparteien den Tarifvertrag authentisch interpretieren können[261]. Der in der Form einer Auslegungsvereinbarung erklärte Wille der Tarifparteien kann parallel zu dem klassischen Interpretationsprozeß nach den verschiedenen Kriterien von großer Bedeutung sein. Die Sinnfixierung mehrdeutiger tariflicher Vorschriften vollzieht sich auf verschiedene Weisen, z. B. in der Form einer Protokollnotiz[262].

Die Tarifvertragsparteien können die Erhellung der entsprechenden Bestimmungen schon beim Abschluß des Tarifvertrages in seinen Text einbeziehen. In diesem Fall wird diese von den Tarifparteien empfohlene Auslegung im normativen Teil eingegliedert und bindet infolgedessen den Rechtsanwender. Wird sie in der Form einer Protokollnotiz vermerkt und ist diese Protokollnotiz Bestandteil des Tarifvertrags geworden, so wirkt sie wie echte Legaldefinition. Für den Fall schließlich, daß sie als gemeinsame Erklärung außerhalb des Tarifvertrages liegt, hat sie für den Richter nicht den Charakter einer verbindlichen Norm. Das bedeutet jedoch nicht, daß sie bei der Auslegung keine Rolle spielt. Vielmehr spiegelt sie den von den Tarifpartnern gewollten Sinngehalt wider und ist deshalb zu berücksichtigen[263].

II. Die logisch-systematische Auslegung

1. Der begriffliche Inhalt

Die logisch-systematische Auslegung hält sich an die Stellung einer Bestimmung im Gesetz und an ihren Zusammenhang mit anderen Be-

---

[260] Vgl. *Enneccerus-Nipperdey*, § 6 I, II, 1; im übrigen muß eine authentische Interpretation nicht immer nachträglich durch ein neues Gesetz zustande kommen. Sie kann auch im Text des zu interpretierenden Gesetzes beinhaltet werden.
[261] s. *Siegers*, DB 1967, S. 1634; dagegen ArbG Wilhelmshaven vom 14. 5. 1962, AuR 1963, 124: „Zu den Bestandteilen eines TV können auch Protokollerklärungen gehören, wenn sie durch den übereinstimmenden Willen der TVparteien getragen werden. Die Auslegung des TV ist jedoch Sache der Gerichte; TVparteien können nach ihrer Auslegung nicht mit bindender Wirkung befragt werden." *Nipperdey* stellt andererseits das Problem so dar, als ob die TVparteien immer nachträglich den TV authentisch interpretieren, nachdem eine objektive Auslegung den Sinn der Normen schon ermittelt hat. Falls die nachträgliche gemeinsame Erklärung mit der vorgesehenen Auslegung nicht übereinstimmt, liegt seiner Meinung nach eine Änderung des TV vor, und zwar mit rückwirkender Kraft, „ohne Rücksicht darauf, ob die Parteien diese Änderung wollten"; *Hueck/Nipperdey*, S. 361.
[262] Vgl. *Siegers*, DB 1967, S. 1634; *Herschel* in Festschrift Molitor, S. 185 ff.
[263] BAG vom 16. 2. 1969, AP Nr. 9 zu § 611 BGB Urlaub und Fünf-Tage-

stimmungen²⁶⁴. Sie hat einen formellen und einen materiellen Gehalt. Formell gesehen richtet sie sich nach dem Aufbau einer juristisch relevanten Willenserklärung²⁶⁵ und gegebenenfalls nach ihrer Gliederung in einzelnen Teilen, Abschnitten, Paragraphen und Absätzen. Insoweit macht die systematische Auslegung ihre Verwandtschaft zu der grammatischen Auslegung deutlich. Während die erstere den sprachlichen Inhalt eines Begriffs zu ermitteln versucht, betrachtet die systematische Auslegung den Gesamtzusammenhang und den Aufbau des Textes und versucht, etwa aus dem Charakter einer Rechtsnorm als „lex specialis", aus der Darstellung einer Vorschrift als Ausnahmevorschrift usw. hermeneutische Folgerungen zu ziehen²⁶⁶.

Der materielle Gehalt der systematischen Auslegung geht dahin, den Rechtssatz im Rechtssystem einzuordnen und aus dieser Rangordnung Rechtssätze syllogistisch abzuleiten²⁶⁷. Die Geschlossenheit dieses Systems scheint jedoch heute mehr als fraglich²⁶⁸. Die Entwicklung des Rechtslebens zeigt vielmehr, daß das Rechtssystem ständiger Ergänzung offen bleibt und damit die ihm immanenten Prinzipien an veränderte gesellschaftliche Verhältnisse anpassen muß²⁶⁹. Diese Anpassung erfolgt in erster Linie durch den Richter, der bei jedem konkreten Fall prüfen muß, ob die gegebenen Normen und damit das bestehende Normengefüge eine Regelung des Falles vorsieht. Er muß im Rahmen der erkennbaren Wertungsmaßstäbe des Gesetzgebers, die sich aus verschiedenen rechtlichen Regelungen ergeben können, gegebenenfalls mit Hilfe des Richterrechts eine Lösung des Falles erreichen²⁷⁰.

2. Die systematische Auslegung des Tarifvertrages

Der systematischen Auslegung kommt bei der Tarifvertragsinterpretation eine besondere Bedeutung zu. Die verschiedenen tariflichen Bestimmungen stehen in einer Beziehung der gegenseitigen Ergänzung

---

Woche; *Seiter*, Die Entwicklung der Rechtsprechung des BAG im Jahre 1969, ZFA 1970, S. 364 ff.; *Siegers*, S. 1635, der weiter die These *Neumanns*, ein Schiedsspruch gem. § 108 Abs. 1 ArbGG stelle eine authentische Interpretation, zu Recht widerlegt.

²⁶⁴ Vgl. *Larenz*, Methodenlehre der Rechtswissenschaft, 2. Aufl. 1969, S. 305 ff.; *Engisch*, Einführung in das juristische Denken, 4. Aufl. 1968, S. 77.
²⁶⁵ *Herschel*, Gefahren der systematischen Auslegung, BB 1966, S. 791 ff.
²⁶⁶ *Larenz*, Methodenlehre, S. 305.
²⁶⁷ Vgl. *Coing*, Geschichte und Bedeutung des Systemdenkens in der Rechtswissenschaft, Frankfurter Universitätsreden Heft 17, Frankfurt a. M. 1956, S. 26 ff.; *Canaris*, Systemdenken und Systembegriff in der Jurisprudenz, S. 19 f. Insofern sind Rechtsgeschäfte im Vergleich zu Gesetzen „systemärmer", *Lüderitz*, S. 63.
²⁶⁸ Vgl. *Esser*, Grundsatz und Norm, 2. Aufl. 1964, S. 192, 238, 306 ff.
²⁶⁹ Vgl. *Coing*, S. 26 ff.; *Esser*, Grundsatz und Norm, S. 238, 306 ff.
²⁷⁰ *Esser*, S. 306 ff.; *Luhmann*, Funktionale Methode und juristische Entscheidung, AöR 1969, S. 12 ff.

bzw. Erläuterung zueinander — ebenso wie bei Gesetzen. Diese enge systematische Abhängigkeit gibt dem Rechtsanwender die Möglichkeit, zunächst mit dem Instrument der systematischen Auslegung im formellen Sinne zu operieren. Die Gliederung des Textes spiegelt die Gliederung der Gedanken der Sozialpartner wider und erleichtert dadurch den Weg zur Feststellung ihres tatsächlichen Willens[271].

Zunächst ist also die in Frage kommende Bestimmung als ein Bestandteil der übrigen Normen anzusehen[272]. Es ist die Relation zwischen ihr und den übrigen Bestimmungen zu berücksichtigen. Eine Vorschrift kann infolgedessen als lex specialis den Vorrang vor einer allgemeinen Bestimmung haben[273]. Es kann auch zwischen zwei oder mehreren Normen ein Regel-Ausnahme-Verhältnis bestehen[274].

Geht man davon aus, daß der Tarifvertrag eine Vielzahl unterschiedlicher Elemente umfaßt[275], so muß man die Bestimmungen des normativen Teils im Zusammenhang mit den Bestimmungen des schuldrechtlichen Teils interpretieren. Man soll vor allem die dem Tarifvertrag immanenten Pflichten (Friedenspflicht und Durchführungspflicht) vor Augen halten und Interpretationen vermeiden, die zu einer Kollision des normativen mit dem schuldrechtlichen Teil führen können[276].

Materiell gesehen beschränkt sich die systematische Auslegung nicht auf den jeweils anzuwendenden Tarifvertrag. Vielmehr ist auf den Kreis des Tarifrechts Bezug zu nehmen, zu dem der einschlägige Tarifvertrag gehört (Mantel-, Lohn-, Urlaubstarif) und ihn in Verbindung zu diesem Kreis auszulegen. Dafür spricht die Tatsache, daß die Adressaten, die gleiche Personen sind (Tarifunterworfene) sowie auch die Einheitlichkeit der Ordnungsfunktion des tarifvertraglichen Instituts.

Darüber hinaus ist die Stellung des Tarifvertrages in der gesamten Rechtsordnung zu berücksichtigen als „ein Gefüge aus dem Gefüge einer übergreifenden Ordnung"[277]. Die Würdigung des Tarifvertrages hinsichtlich dieser Ordnung gehört auch zu einer Auslegung vom System her.

---

[271] Vgl. *Achilles*, Der tatsächliche Parteiwille bei der Auslegung von Tarifverträgen, Diss. Köln 1967, S. 105.
[272] s. auch *Herschel*, Festschrift Molitor, S. 182.
[273] BAG vom 15. 9. 1971, DB 1971, S. 1869: „Läßt die Vorschrift eines Manteltarifvertrages nicht erkennen, wozu sie einen Zuschlag gewährt, so ist sie in Zusammenhang mit den übrigen sie umgehenden Vorschriften zu sehen."
[274] s. oben Fn. 223.
[275] Darauf macht *Herschel*, S. 182, aufmerksam; man gewinnt allerdings den Eindruck, daß er vorwiegend die Tarifvertragsnormen in Betracht zieht.
[276] So auch *Achilles*, S. 105, in Übereinstimmung mit *Herschel*; vgl. *Herschel*, Gefahren der systematischen Auslegung, BB 1966, S. 793.
[277] *Achilles*, S. 105.

§ 3 Die Auslegung des normativen Teils

III. Die tarifliche Übung als Auslegungsfaktor

Die Bedeutung einer tariflichen Übung für die Auslegung von Tarifverträgen ist bisher eher in der Praxis des Tarifrechts als in der Theorie diskutiert worden. Die Rechtsprechung des BAG mißt tariflichen Übungen besondere Bedeutung zu[278], obwohl eine solche Übung bei Zugrundelegung der Grundsätze für die Gesetzesauslegung — die das BAG sonst anwendet, sehr fragwürdig erscheint. Von der Theorie wird die tarifliche Übung als Auslegungsfaktor bei der Tarifvertragsauslegung ebenfalls anerkannt; es fehlt jedoch an einer tieferen Untersuchung des Begriffes sowie der Voraussetzungen, unter welchen die tarifliche Übung als Auslegungsfaktor von Bedeutung sein kann. Aus diesen Gründen wird die folgende Auseinandersetzung mit der tariflichen Übung im Zusammenhang mit dem viel mehr diskutierten Problem des Verhältnisses zwischen Betriebsvereinbarung bzw. Tarifvertrag und betrieblicher Übung stattfinden. Dabei wird untersucht, ob die gewonnenen Ergebnisse aus dieser Diskussion für das vorliegende Thema fruchtbar sein können.

1. Zum Verhältnis zwischen der betrieblichen Übung und den kollektivvertraglichen Vereinbarungen

Die betriebliche Übung ist eine Schöpfung von Lehre und Rechtsprechung des Arbeitsrechts. Sie wird nirgendwo gesetzlich geregelt. Unter betrieblicher Übung ist die konkrete Handhabung eines bestimmten Vorgangs mit gewisser Regelmäßigkeit und Häufigkeit zu verstehen[279].

Die Diskussion über die rechtlichen Grundlagen der betrieblichen Übung und über ihre verbindliche Wirkung ist noch nicht abgeschlossen. Es wurden dabei die unterschiedlichsten Auffassungen und Konstruktionen vertreten[280]. Die früher herrschende Meinung sah den Grund für die verpflichtende Wirkung der betrieblichen Übung in der Möglichkeit, ihren Inhalt zur Grundlage einer ausdrücklichen oder stillschweigenden vertraglichen Vereinbarung zu machen oder sie als Konkretisierung der Treue- und Fürsorgepflicht zur Vertragsauslegung und Vertragsergänzung heranzuziehen[281].

---
[278] So BAG AP Nr. 117 zu § 1 TVG Auslegung; BAG Nr. 26 zu § 1 Feiertagslohnzahlungsgesetz mit Anm. von *Canaris*.
[279] Vgl. *Hueck/Nipperdey*, Lehrbuch, Bd. I, S. 150 f.; *Hueck*, D-Blattei „Betriebsübung I"; *Mengel*, Die betriebliche Übung, S. 15 ff.; *Füllkrug*, Die betriebliche Übung als Erscheinung des Rechts der Betriebsgemeinschaft, Diss. Köln 1969.
[280] Diese Vielzahl von Auffassungen spielt bis auf die beiden Haupttheorien keine besondere Rolle für die vorliegende Untersuchung. Eine Stellungnahme kann ebenfalls dahingestellt bleiben, denn das Ergebnis ist gleich.
[281] BAG AP Nr. 30 zu § 242 BGB Gleichbehandlung; BAG Nr. 6 zu § 13 BUrlG BAG AP Nr. 5 zu § 242 Betriebliche Übung, Nr. 8 zu § 242 Betriebliche Übung, BAG vom 5. 2. 1971, AuR 1972, S. 28.

Andererseits geht die neuere Lehre davon aus, daß ein bestimmtes Verhalten des Arbeitgebers und der dadurch erzeugte Vertrauenstatbestand ihm (dem Arbeitgeber) als Haftungsgrund zugerechnet wird[282].

Die betriebliche Übung entwickelt sich, wie das Wort besagt, erstmals im konkreten Betrieb im Zusammenhang mit den allgemeinen Arbeitsbedingungen ohne Rücksicht auf Gewohnheiten und bestimmte Übungen in anderen Betrieben oder in einer bestimmten Branche[283]. Diese Übung ist zugleich keine normative Rechtsquelle. Sie wirkt auf eine positive Weise auf die Arbeitsverhältnisse der dem Betrieb angeschlossenen Arbeitnehmer ein. Sie vermag jedoch mit den übrigen Quellen des Arbeitsrechts — z. B. mit dem Tarifvertrag — nicht zu konkurrieren.

Nach herrschender Meinung in Literatur und Rechtsprechung genießen Arbeitsbedingungen, die sich aus betrieblicher Übung ergeben, keinen Bestandsschutz. Sie können durch einen Kollektivvertrag abgelöst oder verschlechtert werden[284]. Dies wird begründet mit dem Ordnungsprinzip des Tarifvertrages bzw. der Betriebsvereinbarung, welches den Vorrang vor dem Günstigkeitsprinzip haben soll. Neuere Untersuchung hat jedoch gezeigt[285], daß dieses Kriterium (Ordnungsprinzip) nur zur „Verdeutlichung der jeweils im Vordergrund stehenden Gesichtspunkte" dient und nicht als ein Kriterium für die Festlegung eines Rangverhältnisses verstanden werden soll. Das Ordnungsprinzip sei als Auslegungsgrundsatz zu verstehen, wenn eine einzelvertragliche Abrede im Verhältnis zur kollektivvertraglichen Gestaltung keine besondere Bedeutung entfalte. Das Günstigkeitsprinzip und die damit verbundenen Vertrauenstatbestände beherrschen dabei als Schranke der Kollektivmacht auch das Verhältnis kollektivvertraglicher Normen zu einer betrieblichen Übung[286].

2. Abgrenzung der tariflichen von der betrieblichen Übung

Tarifliche Übung ist die Handhabung und die für eine längere Zeit Anwendung der Tarifbestimmungen durch die Tarifvertragsparteien[287].

---

[282] So etwa *Seiter*, Die Betriebsübung, 1967, S. 92 ff.; *Hübner*, Zurechnung statt Fiktion einer Willenserklärung, Festschrift Nipperdey 1965, Bd. I, S. 373 ff.; *Wiedemann*, Anm. zu AP Nr. 121 zu § 242 BGB Ruhegehalt; BAG AP Nr. 2 zu § 242 BGB Betriebliche Übung.

[283] Vgl. *Miesner*, Änderung und Beendigung der betrieblichen Übung, Mitteilungen des deutschen Arbeitsgerichtsverbandes, 1969, Nr. 30, S. 8 ff.; *Säcker*, Gruppenautonomie, S. 117 ff.; vgl. auch *Hueck*, Die rechtliche Bedeutung der betrieblichen Übung, Festschrift Lehmann, 1956, Bd. 2, S. 633 f.

[284] *Hueck/Nipperdey*, Lehrbuch Bd. II, Halbbd. I, S. 591 ff.; BAG AP Nr. 11 zu Art. 44 Truppenvertrag; BAG Nr. 87 zu § 242 BGB Ruhegehalt.

[285] *Richardi*, Kollektivgewalt und Individualwille bei der Gestaltung des Arbeitsverhältnisses, S. 400 ff.

[286] *Richardi*, S. 400 ff.

[287] An einer genauen Definition der tariflichen Übung fehlt es. So kann man nur mit Hilfe der von der Rechtsprechung ausgeführten Grundsätze eine Sinnfixierung erreichen.

§ 3 Die Auslegung des normativen Teils

Dieser Definition sollte man einen weiteren Inhalt geben, indem man auch die Parteien des einzelnen Arbeitsverhältnisses mit einbezieht (vgl. unten, 4). Die tarifliche Übung ist von der betrieblichen Übung zunächst zu unterscheiden. Während die letztere die Wiederholung eines bestimmten Vorgangs darstellt, der vornehmlich auf die Freiwilligkeit des Arbeitgebers zurückzuführen ist — mit verpflichtender Wirkung jedoch —, geht es bei der tariflichen Übung um die Anwendung konkreter Tarifnormen.

3. Die ältere tarifliche Übung

Der tariflichen Übung kommt bei der Auslegung des Tarifvertrages eine besondere Bedeutung zu, je nachdem, ob sie eine sog. ältere oder jüngere Übung ist. Für die tarifliche Übung, die älter als der Tarifvertrag ist, gilt der Grundsatz, daß sie von den Tarifparteien akzeptiert werden muß, um Wirksamkeit zu erlangen. Die Tarifübung als Auslegungsgesichtspunkt für Tarifverträge setzt die Kenntnis und Billigung einer bestimmten Handhabung einer Tarifnorm durch beide Tarifpartner voraus[288]. Die Tarifpartner sind zwar an die ältere Tarifübung nicht gebunden; denn das würde ihre Regelungsbefugnis erheblich beschränken. Da sie aber kompetent sind, diese Übung ausdrücklich in der Form einer Vereinbarung abzulehnen, kann man in Ermangelung einer solchen Ablehnung und unter dem Vorbehalt, daß die Handhabung ihnen bekannt war, annehmen, daß die Tarifpartner diese Handhabung gebilligt haben. Das ist ein Ausgangspunkt, der den Auslegungsprozeß wesentlich erleichtern kann.

4. Die jüngere Tarifübung

Bei der Tarifübung, die während der Anwendung des Tarifvertrages entstanden ist, muß man zunächst überlegen, daß eine Anwendung des Tarifvertrages, die dem Willen der Tarifpartner widerspricht, prinzipiell unzulässig sein muß. Diese Tarifübung vermag im Grunde den Tarifvertrag nicht zu ändern, denn sie entwickelt sich erst nach dem Abschluß des Tarifvertrages und wird infolgedessen nicht in den Inhalt des schriftlich abgeschlossenen Tarifvertrages aufgenommen[289]. Anders ist freilich dann zu entscheiden, wenn die Sozialpartner eine bestimmte Handhabung einer Tarifnorm empfohlen haben[290].

5. Tarifliche Übung und Vertrauensschutz

Die obigen Ausführungen haben gezeigt, daß weder der älteren noch der jüngeren Übung eine verbindliche Wirkung zukommt. Die erste

---
[288] *Hueck/Nipperdey*, Lehrbuch II/I, S. 591 ff.; BAG PrAR TVG § 1 Nr. 106.
[289] Vgl. *Achilles*, Der tatsächliche Parteiwille bei der Auslegung von Tarifverträgen, Diss. Köln, 1967, S. 112.
[290] A. A. *Canaris*, unter BAG AP Nr. 26 zu § 1 Feiertagslohnzahlungsgesetz.

erlangt eine Bedeutung, wenn sich erkennen läßt, daß die Sozialpartner sie gebilligt haben. Die zweite kann dagegen an und für sich keine normative Wirkung beanspruchen.

Trotz der Klarheit dieses Ergebnisses treten sehr viele Probleme auf, wenn die Tarifübung den Rahmen des einzelnen Betriebes überschreitet und zu einer allgemeinen Gültigkeit tendiert. Stellen wir uns beispielsweise vor, daß ein tariflicher Begriff, etwa ein Tätigkeitsmerkmal, von den Tarifunterworfenen in einem bestimmten Sinne verstanden und in den Betrieben des ganzen Tarifgebiets entsprechend gehandhabt worden ist, ohne durch eine Betriebsvereinbarung auchdrücklich konkretisiert oder durch die Tarifparteien abgelehnt zu werden. Stellt sich nach einer gewissen Zeit einheitlicher und wiederholter Anwendung die Frage, wie der einschlägige Begriff zu interpretieren ist (z. B. infolge einer Klageerhebung), so muß man in dem Schweigen der Tarifpartner, das die eigenständige Handhabung durch die beteiligten Berufskreise zur Folge gehabt hat, einen Verpflichtungsgrund sehen. Das verlangt das Vertrauen der Tarifunterworfenen, die, solange sie von den Tarifpartnern nicht unterrichtet worden sind, mit Recht annehmen dürfen, daß ihre Vorstellungen denen der Tarifpartner entsprechen[291]. Infolgedessen wird die Ordnungsfunktion des Tarifvertrages unter ähnlichen Voraussetzungen begrenzt, wie dies im Falle einer betrieblichen Übung geschieht. Dabei liegt die Besonderheit der tariflichen Übung darin, daß sie nicht unbedingt auf einer individualvertraglichen Vereinbarung beruhen muß, sondern auch auf einer Praxis, die durch die Tarifvertragsparteien entstanden ist oder von ihnen stillschweigend bzw. ausdrücklich gebilligt wurde. Das Vertrauen der Tarifunterworfenen genießt in diesem Falle sogar eine höhere Achtung, zumal es durch das Verhalten der Tarifpartner hervorgerufen wird, zu deren Funktionsbereich der Schutz der Tarifunterworfenen gehört.

IV. Die Entstehungsgeschichte des Tarifvertrags als Auslegungsfaktor

Der Tarifvertrag ist oft, wie oben betont wurde[292], das Ergebnis eines langwierigen Verfahrens, das häufig sehr hart geführt wird. Hierbei muß im Interesse beider Seiten ein Kompromiß möglichst bald gefunden werden. Der zustande gekommene Text des Tarifvertrages ist daher die Folge beiderseitiger Zugeständnisse, die als solche zu unklaren Formulierungen führen können. Will man den hinter diesen nicht immer

---
[291] Vgl. BAG vom 15. 3. 1960, AP Nr. 9 zu § 15 AZO (*Carolsfeld*): „Ob ein bei einem Bauunternehmen beschäftigter Omnibusfahrer im Sinne der Arbeitszeitvorschriften des § 3 RTV Bau als Lkw-Fahrer anzusehen ist, richtet sich nach der Anschauung der beteiligten Kreise und ist aus der bisherigen tariflichen Übung und der Entstehungsgeschichte des Tarifvertrages zu entnehmen."
[292] s. § 3, C I 1.

eindeutigen Erklärungen stehenden „gemeinsamen Willen" erforschen, so muß man der Entstehungsgeschichte des Tarifvertrages eine besondere Bedeutung beimessen[293]. Diese Entstehungsgeschichte findet vor allem in den Verhandlungsprotokollen ihren Niederschlag.

1. Die Verhandlungsprotokolle

Unter „Verhandlungsprotokollen" oder „protokollarischen Erklärungen" sind die Vorverhandlungen zu verstehen, die die Parteien bei der Entstehung des Tarifvertrages schriftlich geführt haben. Diese Protokolle sind für die Auslegung des Tarifvertrages um so interessanter, als sie vom Revisionsgericht auch ohne ausdrückliche Verfahrensrüge herangezogen werden können[294].

Das BAG, konsequent in seiner Grundstellungnahme zu dem allgemeinen Auslegungsstreit, vertritt die Meinung, die Verhandlungsprotokolle haben wie Gesetzesmaterialien für die Auslegung der Tarifnormen keine selbständige Bedeutung, sondern können nur dann und dort in Betracht kommen, „wenn der aus ihnen herzuleitende Gedanke im Tarifvertrag einen — wenn auch unvollkommenen oder zweideutigen — Ausdruck gefunden hat[295]. Dieser Meinung kann nach der hier vertretenen Auffassung nicht zugestimmt werden. Alle Faktoren, die zu der endgültigen Willensbildung beitragen, haben zwar insoweit keine selbständige Bedeutung bzw. Existenz, als sie Elemente, Satelliten des „vollkommenen Willens" darstellen. Sie werden von ihm quasi aufgesaugt und sie können überhaupt nicht im Text eines Vertrages zum Ausdruck kommen. Wenn man nun verlangt, daß diese Willensfaktoren selbst zum Ausdruck kommen müssen, damit sie überhaupt berücksichtigt werden können, so heißt es, daß man den Niederschlag der gesamten Vorstellungen der Erklärenden aus dem Text des Vertrages verlangt. Es bedarf keines weiteren Beweises, daß dies objektiv unmöglich ist.

---

[293] Der Wille der Tarifpartner wird deutlich, wenn man die Entstehungsgeschichte der streitigen Tarifbestimmung betrachtet. Es ist allgemein anerkannt, daß zur Auslegung einer tarifvertraglichen Vorschrift auf die Entstehungsgeschichte zurückzugreifen ist; vgl. ArbG Herne v. 18. 12. 1959, DB 1960, S. 328; BAG v. 26. 4. 1966, AP Nr. 117 zu § 1 TVG Auslegung. Es muß also geprüft werden, ob der Entstehungsprozeß des Tarifvertrages einen Aufschluß darüber geben kann, was die Sozialpartner durch eine Tarifbestimmung gewollt haben.
[294] So BAG vom 10. 10. 1957, AP Nr. 12 zu § 1 TVG Auslegung.
[295] So BAG AP Nr. 12 zu § 1 TVG Auslegung, in Übereinstimmung mit *Hueck/Nipperdey*, S. 359, die in dieser Beziehung der Andeutungstheorie treu bleiben. Dagegen nicht so zurückhaltend BAG AP Nr. 117 zu § 1 TVG Auslegung: „Es ist nicht ausgeschlossen, durch Heranziehung der bei den Tarifverhandlungen entstandenen Protokolle Ermittlungen darüber anzustellen, was die Tarifvertragsparteien unter dem Begriff übereinstimmend verstanden haben"; vgl. aber BAG AP Nr. 4 zu § 5 BUrlG: „Die Gesetzesmaterialien haben bei der Auslegung von Gesetzen keinen selbständigen Wert."

2. Die Beweggründe

Von den auf die Verhandlungsprotokolle zum Ausdruck gekommenen Vorstellungen der Tarifvertragsparteien muß man die Beweggründe, die als Motivation den Tarifpartnern den Anstoß zu einer Regelung gegeben haben, unterscheiden. Hier ist davon auszugehen, daß die Tarifunterworfenen nicht immer wissen können, wie die Tarifverhandlungen geführt worden sind. Die Gründe, die jemanden zu einer bestimmten Handlung veranlassen, sind meistens nicht erkennbar und bei einer Willenserklärung juristisch irrelevant[296].

Der Schutz der Tarifunterworfenen muß deshalb den Vorrang haben. Hier kann man sich auf den Grundsatz der Tarifklarheit berufen, denn die Beweggründe sind sowohl den Tarifunterworfenen als auch dem Rechtsanwender nur schwer zugänglich[297].

Das schutzbedürftige Vertrauen des einzelnen gebietet also, daß man den Beweggründen keine ausschlaggebende Bedeutung beimißt. Sie können nur dann Bedeutung erlangen, wenn der Zweck der einschlägigen Tarifbestimmungen so klar ist, daß er auch die Motivation der Tarifpartner erkennen läßt[298].

Die Heranziehung der Entstehungsgeschichte des Tarifvertrages erleichtert damit wesentlich die teleologische Auslegung, indem sie den Ausgangspunkt der Parteien deutlich macht. Ist man über den Anlaß sowie auch über die Umstände, die zu einer Regelung geführt haben, im klaren, so kann man viel sicherer den Zweck der betreffenden Bestimmungen ersehen. Dieser teleologische Faktor wird uns in den folgenden Ausführungen beschäftigen.

V. Die teleologische Auslegung des Tarifvertrages

1. Vorbemerkung

Das teleologische Element bei der juristischen Auslegung ist ohne Zweifel das entscheidendste und zugleich gefährlichste. Es ist das entscheidendste Element, weil ohne die Aufklärung des Zweckes einer

---

[296] Die zivilrechtliche Dogmatik unterscheidet aufgrund der im BGB getroffenen Regelung über die Gültigkeit und die Anfechtung von Willenserklärungen, zwischen „Irrtum im Motiv" und „Irrtum in der Erklärung". Dabei ist zu beachten, daß ein Irrtum im Motiv oder im Beweggrund, der die Willenserklärung als solche nicht fehlerhaft macht, sondern allein die Willensbildung betrifft, grundsätzlich unerheblich ist; § 119 Abs. 2 BGB betrifft keinen Fall des Motiv-, sondern des Erklärungsirrtums; vgl. *Enneccerus/Nipperdey*, Allg. Teil, 15. Aufl., S. 1074 ff.: *Soergel/Siebert/Hefermehl* vor § 116, 29; *Brox*, Die Einschränkung der Irrtumsanfechtung, 1967, S. 27 ff., 44 ff.

[297] Insofern ist der Tarifvertrag als ein Akt zu verstehen, der einen Vertrauenstatbestand verkörpert.

[298] Wobei natürlich in diesem Fall die Klarstellung des Zweckes die weitere Beschäftigung mit den Beweggründen überflüssig machen würde.

Bestimmung keine Auslegung vollzogen werden kann. Es ist zugleich das gefährlichste, weil die Zweckermittlung zu den unterschiedlichsten Ergebnissen führen kann, je nach den Maßstäben, nach welchen sie unternommen wird.

Die teleologische Auslegung wird meist als Verwendung von Kriterien verstanden, die dem immanenten Sinn des Rechts oder eines Rechtsinstituts oder Regelungsbereichs entnommen sind. Hauptsächlich handelt es sich um die „Natur der Sache", die „Grundgedanken" und die rechtsethischen „Prinzipien" der Rechtsordnung[299]. Der Gebrauch solcher Kriterien gibt schon der Auslegung objektive Merkmale. Die subjektiv bezweckte Regelung wird damit in den Hintergrund treten.

Der Zweck einer Willenserklärung wird in den meisten Fällen schon durch die Ermittlung des Wortsinns und durch die Berücksichtigung der Begleitumstände klar. In den wenigen Fällen, wo das nicht geschieht, greift die teleologische Interpretation selbständig ein. Versucht sie, mit objektiv-teleologischen Kriterien den Zweck von außen zu bestimmen, so wird die Rechtssicherheit und die Vorhersehbarkeit der richterlichen Entscheidung gefährdet. Aus der Perspektive der Willenserklärung gesehen, bedeutet sie einen Eingriff in die Sphäre der Selbstbestimmung, solange der subjektiv gewollte Zweck übergeordneten Normen nicht widerspricht.

Der Gegensatz zwischen subjektivem und objektivem Zweck wird deutlicher, wenn Gegenstand der Auslegung ein Gesetz ist. Das von dem Gesetzgeber beabsichtigte Ziel einer Regelung unterliegt zwar nicht der richterlichen Kontrolle. Die Gerichte prüfen das Gesetz nur auf seine Rechtmäßigkeit, nicht auf seine Zweckmäßigkeit[300]. Die „Richtigkeit" des Zweckes wird jedoch von dem Richter nach Maßgabe der „leitenden Prinzipien der Rechtsordnung" frei geprüft. Das kann leicht zu Verschiebungen des Schwergewichts von den subjektiv- zu den objektiv-teleologischen Kriterien führen und freilich zu einer totalen Außerachtlassung der gesetzgeberischen Zielsetzung[301].

2. Die Ermittlung des Zweckes der tariflichen Bestimmungen

Die Ermittlung des Zweckes einer tariflichen Bestimmung setzt zunächst die Konfrontation mit der konkreten Konfliktsituation, vor der die Sozialpartner beim Abschluß des Tarifvertrages standen, voraus. Es muß ersehen werden, welche Bedürfnisse den jeweiligen Tarifvertrag hervorgerufen haben und welche Regelung die Tarifparteien damit

---
[299] *Larenz*, Methodenlehre, 2. Aufl. 1969, S. 311 ff.
[300] Vgl. BAG AP Nr. 3 zu § 2 TVG.
[301] Zu welcher Perversion das führen kann, zeigte *Rüthers*, Die unbegrenzte Auslegung, Tübingen 1968.

herbeiführen wollten. Die Tarifvertragsmaterialien und die Entstehungsgeschichte des Tarifvertrages bieten meist genügenden Stoff dazu. Aus diesen ergeben sich die wirtschaftlichen Interessen, von welchen die Tarifparteien ausgegangen sind, und der soziale Zweck, dessen Verwirklichung sie anstreben.

Anläßlich der oben dargestellten Beispielgruppen ist u. a. festgestellt worden[302], daß die Festlegung von Ausschlußfristen zur Geltendmachung von Ansprüchen aus dem Arbeitsverhältnis der Erhaltung oder Wiederherstellung des Betriebsfriedens dient.

Die Rechtslage im Betrieb soll somit im Interesse beider Vertragsparteien möglichst schnell geklärt werden. Die Klarstellung dieser Zielsetzung erleichtert wesentlich die Auslegung. Denn dadurch wird es deutlich, daß sich die Ausschlußfristen nicht lediglich auf die tariflichen Ansprüche beschränken, sondern alle aus dem Arbeitsverhältnis entstehenden Ansprüche umfassen; sogar deliktische Ansprüche, die mit dem Vertragsverhältnis in Zusammenhang stehen[303]. Eine richtige Auslegung, die vom Willen der Parteien ausgeht, verwirklicht somit die Zweckbestimmungen des Tarifvertrages und trägt zugleich zu der Funktionsfähigkeit des tarifvertraglichen Instituts erheblich bei. Wenn die Auslegung neben dem Wortlaut und den übrigen Mitteln die Zielsetzung der Tarifvertragsparteien sich vor Augen hält, kann die Ermittlung des Zieles den Anstoß zu der richtigen Lösung geben[304].

3. Die Rechtmäßigkeit des Zweckes

Wie bei Gesetzen hat das Gericht ordnungsgemäß zustande gekommene Tarifnormen nur auf ihre Rechtmäßigkeit, nicht aber auf ihre Zweckmäßigkeit zu prüfen[305]. Der Klarstellung des Zieles, das hinter einer tariflichen Bestimmung steht, folgt die Prüfung, ob sich dieses Ziel in der Rechtsordnung harmonisch eingliedern läßt oder ob es mit der Rechtsordnung unvereinbar ist. Die Tarifparteien müssen im Rahmen ihrer Normsetzungsbefugnis Rücksicht auf die Verfassung und die Gesetze nehmen[306]. So sind z. B. Bestimmungen des Tarifvertrages, die gegen die vom Grundgesetz gewährleistete negative Koalitionsfreiheit

---

[302] Vgl. oben § 3, C I 2 c.
[303] s. oben § 3, C I 2 c.
[304] Vgl. *Rüthers* in SAE 1971, S. 12.
[305] BAG vom 19. 12. 1958, AP Nr. 3 zu § 2 TVG.
[306] Nach heute ganz herrschender Auffassung in Rechtsprechung und Schrifttum wird die Bindung der Tarifverträge an die Grundrechte bejaht; vgl. *Hueck/Nipperdey*, Bd. II/I, S. 350, 373 ff.; *Nikisch*, Bd. II, S. 228; *Huber*, NJW 1959, S. 425; *Maunz*, Deutsches Staatsrecht, 16. Aufl. 1968, S. 123; *Biedenkopf*, Grenzen der Tarifautonomie, 1964, S. 70 ff.; *Gamillscheg*, Die Grundrechte im Arbeitsrecht, AcP 164, 399 ff.; BAG AP Nr. 25, 26 zu Art. 12 GG; AP Nr. 16 zu Art. 3 GG.

verstoßen, unzulässig³⁰⁷. Der Zweck der Tarifparteien, nämlich die Arbeitnehmer zum Koalitionsbeitritt unmittelbar zu zwingen, ist daher nicht rechtmäßig. Insofern läßt er sich auch nicht verwirklichen. Zur Frage der Rechtmäßigkeit scheinen allerdings folgende Überlegungen richtig: Für den Umfang der Tarifmacht der Koalitionen ist nicht ausschließlich das Grundgesetz (etwa Art. 9 Abs. 3) oder das einfache Gesetz (etwa Tarifvertragsgesetz) maßgebend, sondern darüber hinaus die Verfassungswirklichkeit. Die Bedeutung, die die Koalitionen für die Verfassungswirklichkeit haben³⁰⁸, stellt die Notwendigkeit der Förderung ihrer eigenen Existenz und Wirksamkeit durch Tarifverträge dar. Die häufige Stellung der Tarifverträge in den Dienst der Steigerung der Leistungsfähigkeit der Koalition führt zu dem Ergebnis, daß viele Bestimmungen, die prima facie ihrem Ziele nach als verfassungswidrig hätten angesehen werden sollen, wegen der Bedeutung der Koalition für die Verfassungswirklichkeit legitim sind³⁰⁹.

VI. Die abändernde Auslegung

Einer Gesetzesvorschrift muß ein vom Wortlaut abweichender Inhalt gegeben werden, wenn sich ihre tatsächlichen oder rechtlichen Grundlagen nachträglich ändern und ihr Sinn und Zweck eine vom Wortlaut abweichende Auslegung erfordert³¹⁰. Die Gerichte sind befugt, von dem

---

³⁰⁷ Es ist allerdings heftig umstritten, ob das Individualgrundrecht der negativen Koalitionsfreiheit durch Art. 9 Abs. 3 GG gewährleistet ist, oder ob die negative Koalitionsfreiheit sich lediglich aus Art. 2 Abs. 1 GG ergibt. Die herrschende Meinung bejaht das erste; vgl. *v. Münch*, in: Bonner Kommentar, Art. 9 Rdnr. 140; *Dietz*, Koalitionsfreiheit, in Bettermann/Nipperdey/Scheuner, Die Grundrechte Bd. III 1, 1958, S. 453 ff.; a. A. *Nipperdey* in Hueck/Nipperdey, II, 1, S. 154 ff. m. w. Nachw.
³⁰⁸ Vgl. *Rüthers*, Das Recht der Gewerkschaften auf Information und Mitgliederwerbung im Betrieb, RdA 1968, S. 161 (167); *ders.*, Anmerkung zu BAG vom 11. 11. 1968, AP Nr. 14 zu Art. 9 GG.
³⁰⁹ Vgl. die lebhafte Diskussion über die Zulässigkeit der Differenzierungsklausel, in BAG Großer Senat vom 29. 11. 1967, AP Nr. 13 zu Art. 9 GG; zu dem ebenfalls umstrittenen Problem der Mitgliederwerbung im Betrieb siehe *Rüthers*, RdA 1968, S. 161; vgl. auch *Hanau*, Gemeingebrauch am Tarifvertrag?, JuS 1969, S. 213 f.
³¹⁰ Gegenüber einer abändernden Gesetzesauslegung oder gesetzesändernden Rechtsfortbildung ist ein Teil der Wissenschaft besonders zurückhaltend. So kann man u. a. lesen: „Das ‚Faktische' hat nicht die Kraft, von sich aus ‚Recht' zu setzen. Insbesondere bei solchen Gesetzen, die sich als ‚Maßnahmen' der Wirtschaftspolitik darstellen — z. B. bei Gesetzen über den Verkehr mit Devisen, über die Bewirtschaftung bestimmter Güter, über Preisfestsetzungen und dergleichen —, wird man es dem Gesetzgeber überlassen müssen zu entscheiden, ob und in welcher Weise er einer veränderten Situation Rechnung tragen will. Es wäre ein unzulässiger Eingriff des Richters in die Kompetenz des Gesetzgebers, wollte er hier nach seiner eigenen wirtschaftlichen Einsicht entscheiden", *Larenz*, Methodenlehre, 2. Aufl. 1969, S. 333. Bescheidener, allerdings unter starker Betonung der Rechtssicherheit, *Nipperdey* in Enneccerus/Nipperdey, Allg. Teil, 15. Aufl. 1959, S. 346.

Wortlaut der Bestimmungen abzuweichen, da „höher als der Wortlaut der Sinn und Zweck der Bestimmungen selbst steht[311]. Es fragt sich, ob diese für die gesetzlichen Vorschriften geltenden Grundsätze auch im Bereich der Tarifvertragsauslegung Geltung beanspruchen können.

Das BAG nimmt zunächst zu dem Problem folgende Stellung ein[312]: „Gewiß obliegt es in erster Linie den Tarifvertragsparteien, die tariflichen Bestimmungen den veränderten Verhältnissen anzupassen. Geschieht es aber nicht, weil sie die Notwendigkeit der Änderung einer einzelnen Bestimmung nicht erkannten, sich über diese Änderung nicht einigen konnten und können, auch die eine oder die andere Tarifvertragspartei wegen einer einzelnen nicht mehr zeitgemäßen Bestimmung nicht den ganzen Tarifvertrag kündigen und damit einen tariflosen Zustand herbeiführen kann und will, so müssen die Gerichte, ebenso wie bei gesetzlichen Bestimmungen die überholte Bestimmung mit den übrigen veränderten tariflichen Bestimmungen in Einklang bringen, falls die bisherige Auslegung entsprechend dem Wortlaut zu offenbar unbilligen Ergebnissen führt."

Das BAG hält also eine vom Wortlaut abweichende Auslegung unter Umständen für geboten. Da der Tarifvertrag nur durch die Vereinbarung der Tarifvertragsparteien zustande kommt, die auch allein zuständig sind, ihn abzuändern oder sogar aufzuheben, muß es in erster Linie auf ihren Willen ankommen, ob der Tarifvertrag den veränderten Verhältnissen angepaßt werden muß. Sonst wäre eine Initiative des Gerichts zugleich eine Einschränkung der Tarifautonomie, die gegen die grundgesetzliche Garantie der Koalitionsfreiheit (Art. 9 Abs. 3 GG) verstoßen würde.

Der Normencharakter der tariflichen Bestimmungen spricht tatsächlich für die Notwendigkeit einer abändernden Auslegung. Andernfalls würde sich die mit einer Rechtsnorm verbundene Ordnungswirkung in

---

[311] Umfaßt z. B. eine Verbotsvorschrift Fallgestaltungen, die offensichtlich nicht bedacht sind, und würde dadurch eine wortgetreue Auslegung dieser Vorschrift sich gerade zu Lasten desjenigen auswirken, den sie schützen will, so darf der Richter durch gewisse Einschränkung der Vorschrift eine Rechtsfolge herbeiführen, die sowohl den Absichten des Gesetzgebers als auch den gegebenen Interessenabwägungen entspricht; vgl. dazu die Rechtsprechung des BGH zu § 400 BGB, die das Abtretungsverbot dieser Vorschrift contra legem ausgelegt und schließlich die Abtretung zugelassen hat, zugunsten desjenigen, den der Gesetzgeber durch das Verbot schützen wollte; BGM LM Nr. 1, 3 zu § 400 BGB. Zu der „contra legem"-Auslegung des Tarifvertrages s. BAG vom 12. 11. 1964, DB 1965, S. 900: „Eine Tarifnorm kann entgegen ihrem Wortlaut ausgelegt werden, wenn sich die tatsächlichen und rechtlichen Grundlagen geändert haben und Sinn und Zweck eine vom Wortlaut abweichende Auslegung erfordern."
[312] BAG vom 27. 3. 1957, AP Nr. 3 zu § 1 TVG Auslegung; BAG Beschluß vom 16. 3. 1962, DB 1962, 907; AuR 1962, 353 (*Ramm*); BAG vom 12. 11. 1964, PrAR TVG § 1 Nr. 105.

§ 3 Die Auslegung des normativen Teils   75

ihr Gegenteil verkehren; die starre Anwendung einer unter ganz anderen wirtschaftlichen und sozialen Voraussetzungen ergangenen Norm würde zu einer psychologischen Unruhe innerhalb der Rechtsgemeinschaft führen und letzten Endes zu einer Schädigung des Rechtsgedankens selbst. Vor diesem Umstand muß die Befugnis der Tarifvertragsparteien zurücktreten. Das verlangt das Interesse der Tarifunterworfenen, deren Verhältnisse von dem Tarifvertrag geregelt werden.

Was das Problem angeht, ob diese Änderung und Anpassung des Tarifvertrages einzelne oder sämtliche Bestimmungen betreffen kann, so muß man bedenken, daß eine Änderung sämtlicher Bestimmungen eine Aufhebung des Tarifvertrages bedeuten würde. Dann würde aber das Gericht in der Tat die Autonomie der Tarifvertragsparteien aufheben und schließlich ein Lohnsystem einführen, was wieder gegen Art. 9 Abs. 3 GG verstieße. Eine gänzliche Änderung des Tarifvertrages ist also nicht möglich. Bei völliger Änderung der Verhältnisse ohne gleichzeitige Anpassung des Tarifvertrages wäre es nur denkbar, daß das Gericht die Wirkungslosigkeit der Tarifnormen ausspricht, wenn sie nicht von den Parteien eindeutig aufgehoben worden sind[313]. Möglich dagegen scheint die Abänderung einzelner Bestimmungen, und zwar ohne Rücksicht darauf, ob die Tarifvertragsparteien die Notwendigkeit einer Abänderung erkannt haben oder nicht. Es soll vielmehr Rücksicht auf das Vertrauen der Tarifunterworfenen genommen werden. Allerdings muß immer geprüft werden, ob die in Frage kommende Tarifbestimmung tatsächlich überholt ist[314].

Die Notwendigkeit der abändernden Auslegung einer Tarifnorm wird nicht durch die Allgemeinverbindlicherklärung des Tarifvertrages ausgeschlossen. Die Allgemeinverbindlicherklärung hat nur den Sinn, die Tarifgebundenheit auszudehnen. Den Gerichten bleibt es dennoch überlassen, den Tarifvertrag nach den verschiedenen Interpretationsweisen auszulegen, da die Auslegung zum Bereich der Rechtsprechung gehört[315].

Der Fall der abändernden Auslegung liegt dem Fall des Wegfalls der Geschäftsgrundlage begrifflich sehr nahe. Einen Unterschied macht die Tatsache, daß ein Tarifvertrag eine Ordnungsfunktion zu erfüllen

---
[313] Vgl. *Müller*, Die Auslegung des normativen Teils eines Tarifvertrages nach der Rechtsprechung des BAG, DB 1960, S. 119 ff.
[314] Es ist z. B. nicht Aufgabe der Gerichte, die Tarifvertragsbestimmungen aufgrund irgendwelcher Zweckmäßigkeitsüberlegungen zu korrigieren. Dies ist in erster Linie eine Sache der Tarifparteien; vgl. ArbG Frankfurt v. 26. 3. 1969, DB 1969, 754; Bühnenoberschiedsgericht Frankfurt/Main vom 7. 6. 1957, AP Nr. 3 zu § 611 BGB; LAG Kiel v. 12. 1. 1961, PrAR TVG § 1 Nr. 91, AuR 1961, 251.
[315] *Müller*, S. 121 f.

hat; deswegen ist es notwendig, eine andere oder doch modifizierte Regelung anzunehmen[316].

Das BAG geht vom Sinn und Zweck des Tarifvertrages aus und ermöglicht den Gerichten die jeweils billige Lösung im Wege der Tarifnormschöpfung zu treffen. Zur Bestimmung von Sinn und Zweck stellt das BAG auf den Zeitpunkt der Tarifvereinbarung ab und führt aus, es sei davon auszugehen, daß man den nach objektiven Auslegungsmaßstäben ermittelten Sinn und Zweck der Tarifregelungen auch als von den Tarifvertragsparteien subjektiv gewollt anzusehen habe[317].

§ 4 Die interpretatorische Behandlung des schuldrechtlichen Teils

A. Die auf die „Doppelnatur" des Tarifvertrages bezogenen methodologischen Probleme

Der Tarifvertrag wird seinem Wesen nach hauptsächlich dadurch gekennzeichnet, daß er ein „Doppelvertrag" ist. Wie oben unter § 2 C I gesagt, besteht er aus einem rechtsverbindlichen Normenvertrag und einem obligatorischen Teil. Gegenstand der bisherigen Untersuchung war der normative Teil des Tarifvertrages. Es wurde festgestellt, daß er ohne Rücksicht auf typologische Unterscheidungen zwischen Gesetzes- und Vertragsauslegungsmethode zu interpretieren ist. Maßgebend bei seiner Auslegung bleibt der Wille der Tarifparteien. Das Verlangen der Andeutungstheorie nach ausdrücklichem Niederschlag dieses Willens im Text des Tarifvertrages ist insofern zweifelhaft, als der Umfang der tariflichen Regelungen immer Willensforschungsfragen offen läßt.

Diese sich nach dem Willen der Tarifvertragsparteien richtende Auslegung muß nur dann eingeschränkt werden, wenn das Vertrauen der Tarifunterworfenen es erfordert. Dieses Vertrauen wird insbesondere dann verletzt, wenn eine längere einheitliche Auslegung und Handhabung gewisser tariflicher Bestimmungen in der Tarifpraxis, die die Tarifparteien zur Kenntnis genommen haben, nachträglich von ihnen ausdrücklich abgelehnt wird[318].

---

[316] Vgl. *Hueck/Nipperdey*, Lehrbuch Bd. II/1, S. 471; BAG AP Nr. 1 zu § 1 TVG Rückwirkung.
[317] BAGE 5, 107.
[318] Das entgegen der Meinung, nach welcher die Tarifübung als Auslegungsfaktor für Tarifverträge die Kenntnis und Billigung einer bestimmten Handhabung einer Tarifnorm durch beide Tarifparteien voraussetzt; BAG vom 26. 2. 1964, PrAR TVG § 1 Nr. 106; vgl. oben § 3, C III 2.

§ 4 Die interpretatorische Behandlung des schuldrechtlichen Teils 77

Die Spaltung des Tarifvertrages in einen normativen und einen schuldrechtlichen Teil hindert nicht, ihn als einen einheitlichen Vertrag anzusehen[319]. „Die scharfe Scheidung zwischen normativen und schuldrechtlichen Bestimmungen ergibt sich aus dem Gesetz (§ 1 TVG) und dem Wesen der Sache und ist im Hinblick auf die verschiedenen Rechtswirkungen notwendig. Sie darf aber den Blick dafür nicht trüben, daß der Tarifvertrag ein einheitlicher Vertrag ist und daß engste wirtschaftliche und rechtliche Beziehungen und Zusammenhänge zwischen beiden Teilen bestehen[320]."

Die Hoffnung auf Folgerichtigkeit, die diese klare und lapidare Aussage erweckt, wird jedoch dadurch enttäuscht, daß der angeblich einheitliche Vertrag nicht einheitlich behandelt wird. Das trifft u. a. für seine Auslegung zu. Die h. M. unterscheidet scharf, wie oben öfter betont wurde, zwischen den Auslegungsgrundsätzen, die für den normativen Teil und denjenigen, die für den schuldrechtlichen Teil gelten sollen. Sie glaubt, daß sie den Interessen der Tarifunterworfenen besser dient, wenn sie nach dem „objektiven Willen" oder nach dem „zum Ausdruck gekommenen Willen" sucht.

Andererseits will sie für den schuldrechtlichen Teil die Grundsätze der Vertragsauslegung gelten lassen. Dadurch zersplittert sie jedoch den Tarifvertrag in zwei Teile, obwohl sie ganz zu Recht feststellt, daß diese Teile innerhalb des Tarifvertrages „äußerlich kaum jemals räumlich getrennt sind"[321].

Dieser Widerspruch führt zu dem Ergebnis, daß ein und dieselbe Willenserklärung logisch durchschnitten wird. Sie wird quasi „in Bruchteilen" ausgelegt. Methodologisch gesehen ist diese Teilung unbefriedigend. Denn dadurch muß der Rechtsanwender ständig differenzieren, je nachdem, ob eine Norm oder eine schuldrechtliche Vereinbarung vorliegt. Dies aber ist wegen der strukturellen und der weitgehenden inhaltlichen Kohärenz der tariflichen Bestimmungen schwer zu erkennen.

B. Der Inhalt des schuldrechtlichen Teils: Selbst- und Einwirkungspflichten

Der schuldrechtliche Teil des Tarifvertrages regelt das Verhältnis der Tarifvertragsparteien zueinander. Während der normative Teil zwingend auf die Arbeitsverhältnisse der Tarifunterworfenen einwirkt, indem er deren Mindestbedingungen im Rahmen der Normsetzungsbefugnis der Tarifpartner gestaltet, stellt der schuldrechtliche Teil Rechte

---
[319] s. oben § 2, C I 1.
[320] *Hueck/Nipperdey*, Lehrbuch Bd. II/1, S. 336.
[321] *Hueck/Nipperdey*, S. 336.

und Pflichten der Tarifparteien auf. Für diesen Teil gilt der Grundsatz der Vertragsfreiheit. Unter dem Vorbehalt der guten Sitten und des zwingenden Rechts kann daher jede Vereinbarung getroffen werden[322].

Die in dem schuldrechtlichen Teil vereinbarten gegenseitigen Verpflichtungen lassen sich zunächst in Selbst- und Einwirkungspflichten unterscheiden. Unter Selbstpflichten sind die Pflichten zu verstehen, die das Verhalten eines tarifschließenden Verbandes zu dem anderen regeln. Betreffen diese Bestimmungen nicht den Verband selbst sondern seine Mitglieder, so spricht man von Einwirkungspflichten, wobei der Verband sich verpflichtet, auf seine Mitglieder einzuwirken, damit sie diesen Pflichten nachkommen[323].

Die Abgrenzung zwischen Selbst- und Einwirkungspflichten ist eine schwierige Aufgabe. Sämtlichen Pflichten kommt regelmäßig die Eigenschaft sowohl der Selbst- als auch der Einwirkungspflicht zu. So gilt die Friedenspflicht zunächst als eine solche, die das Verhältnis der Sozialpartner zueinander regelt. Diese Pflicht läßt sich jedoch nur durch korrespondierende Handlungen erfüllen; einerseits durch die Unterlassung von Kampfmaßnahmen seitens des Verbandes selbst und andererseits durch die Einwirkung des Verbandes auf seine Mitglieder, damit diese den Frieden erhalten[324]. Eine solche Synthese stellt auch die Durchführungspflicht dar. Die Verpflichtung der Tarifvertragsparteien, für die tatsächliche Durchführung des Tarifvertrages Sorge zu tragen, wäre nicht erfüllbar, wenn die Tarifunterworfenen ihre Arbeitsverhältnisse nicht tarifgemäß gestalteten[325]. Die wichtigsten Pflichten des schuldrechtlichen Teils haben also einen gemischten Charakter, wobei das Einwirkungselement stärker ausgeprägt wird. Verpflichtete bleiben dennoch allein die Tarifparteien. Eine Ausdehnung z. B. der Friedenspflicht auf die Mitglieder der Tarifparteien wäre nur denkbar mit Hilfe der Konstruktion des zulässigen Vertrages zu Lasten Dritter, oder der Verpflichtungsermächtigung beim Verbandseintritt. Beides wird jedoch abgelehnt[326].

---

[322] Es versteht sich von selbst, daß diese Vereinbarungen von arbeitsrechtlicher Bedeutung sein müssen. Sonst sind sie tarifrechtlich irrelevant; vgl. *Nikisch*, Lehrbuch II, S. 210 Fn. 4.
[323] Vgl. *Hueck/Nipperdey*, Lehrbuch Bd. II/1, S. 311 f.; *Nikisch*, Arbeitsrecht Bd. II, S. 329; *Brox/Rüthers*, Arbeitskampfrecht, S. 74; *Hueck/Nipperdey/Stahlhacke*, § 1 Rdnr. 86 f.; *A. Hueck*, Inhalt des Tarifvertrages, AR-Blattei Tarifvertrag V (24. 11. 1964); *Söllner*, Arbeitsrecht, 2. Aufl., S. 81, 121.
[324] Die Friedenspflicht ist daher — als Einwirkungspflicht gesehen — keine Garantiepflicht, sondern Handlungspflicht; vgl. *Brox/Rüthers*, Arbeitskampfrecht, § 6 III m. w. Nachw.
[325] Im übrigen kommt es in diesem Zusammenhang auf den umstrittenen Begriff der Durchführungspflicht nicht an; die unabdingbare Wirkung der Tarifnormen macht jedenfalls die Durchführungspflicht nicht entbehrlich; dazu *A. Hueck*, Inhalt des Tarifvertrages, AR-Blattei Tarifvertrag V (24. 11. 1964).

C. Die Auslegung des schuldrechtlichen Teils unter besonderer Berücksichtigung des Friedens- und Vertrauensgedankens

Die Friedenspflicht verpflichtet die Tarifparteien, wie oben angedeutet wurde, jede Kampfmaßnahme bezüglich des Tarifinhalts zu unterlassen und ihren Einfluß auf ihre Mitglieder auszuüben, um Arbeitskämpfe zu verhindern[327].

Die Friedenspflicht ist keine Nebenpflicht, sondern eine Hauptpflicht der Tarifpartner. Sie gilt auch ohne ausdrückliche Vereinbarung. Der Tarifvertrag ist ein Friedensvertrag; ein Ausschluß der Friedenspflicht würde seinem Wesen widersprechen und ist daher undenkbar[328].

Die tarifliche Friedenspflicht beschränkt sich auf den jeweils geltenden Vertrag. Sie ist insofern keine absolute, sondern eine relative Pflicht. Ihr Umfang ergibt sich aus dem Inhalt des in Frage kommenden Tarifvertrages. Dieser Inhalt ist durch Auslegung klarzustellen.

Der echte obligatorische Charakter der entsprechenden Vereinbarungen gebietet hier die Anwendung der Grundsätze über die Vertragsauslegung. Das ist für die h. M. sehr wichtig, denn für sie muß jetzt differenziert werden. Es wird von der Gesetzesauslegung Abschied genommen, und jetzt wird der Wille der Parteien erforscht[329]. Für die hier vertretene Ansicht ist die Hervorhebung dieser Differenzierung überflüssig. Für diese Ansicht gibt es nur allgemeine Auslegungsgrundsätze, wonach der wirkliche Wille zu ermitteln ist[330]. Diese Grundsätze finden Anwendung sowohl bei Gesetzen als auch bei Verträgen.

In einer Beziehung scheint allerdings eine Abweichung für geboten: bei der Frage des Vertrauensschutzes. Bei der Auslegung des normativen Teils wurde festgestellt, daß auf das Vertrauensschutzprinzip nur relativ Bezug genommen werden kann, wegen der ex lege zwingenden Wirkung dieses Teils. Der gesetzesähnliche Charakter der normativen Bestimmungen führt zur Berücksichtigung dieses Prinzips in dem Maße, wie es bei der Gesetzesauslegung herangezogen werden kann. Der Vertrauensgedanke bezweckt daher eine Beschränkung der Kollektivmacht, genau wie der Vertrauensschutz bei Rechtsakten der öffentlichen Gewalt die Beschränkung dieser hoheitlichen Gewalt zum Schutze der Gesetzesunterworfenen bezweckt[331].

---

[326] Vgl. zu der ersten und zweiten Konstruktion *Bettermann* und *Nikisch*, jeweils in JZ 1951, 321, und Arbeitsrecht II, § 75 I 5; anders wohl die herrschende Meinung, *Hueck/Nipperdey*, S. 301 ff.; *Brox/Rüthers*, S. 73.
[327] Vgl. Fn. 323.
[328] *Nipperdey*, Zur Abgrenzung der tariflichen Friedenspflicht, Festschrift Hans Schmitz, 1967, Bd. I, S. 275 ff.
[329] So *Hueck/Nipperdey*, S. 356 ff.
[330] Vgl. *Brox/Rüthers*, S. 75.

Der Vertrauensgedanke hat im obligatorischen Teil eine andere Funktion, bedingt durch den schuldrechtlichen Charakter dieses Teils. Hier fällt die Relation Ordnungsprinzip — Vertrauensprinzip weg und an ihre Stelle tritt die Relation Schutzprinzip — Vertrauensprinzip. Die Tarifparteien schließen zwar den Tarifvertrag im eigenen Namen, aber im Interesse ihrer Mitglieder ab[332]. Der obligatorische Teil hat eine Schutzfunktion, er ist m. a. W. ein Vertrag mit Schutzwirkungen für Dritte. Diese Dritten sind am Abschluß des Vertrages nicht beteiligt und dementsprechend verpflichten sie sich nicht. Sie sind jedoch in ihrem Vertrauen auf die friedliche Durchführung des Tarifvertrages wohl schutzwürdig und -bedürftig. Konkreter gesehen sind sie schutzbedürftig vor allem bezüglich ihres Vertrauens auf den bestimmten Umfang der Friedenspflicht. Die Friedenspflicht darf daher im Zweifel nicht weit interpretiert werden; denn das würde zu einer Verabsolutierung führen, die mit den Interessen der Tarifparteimitglieder nicht zu vereinbaren wäre[333]:

Aus diesen Gründen ergibt sich also folgende Konstellation:

a) Das Vertrauensprinzip bezieht sich zunächst auf die Tarifparteien selbst, die als Beteiligte am Abschluß des Tarifvertrages Berechtigte und Verpflichtete sind.

b) Darüber hinaus treten als Berechtigte die Mitglieder der Tarifparteien auf, sofern der Vertragsinhalt eine solche Auslegung zuläßt. Sie sind auch in ihrem Vertrauen bezüglich einer friedlichen Durchführung des Tarifvertrages schutzwürdig.

c) Vertrauensbasis ist sowohl für die Tarifparteien als auch für ihre Mitglieder die friedliche Durchführung des Tarifvertrages. Diese erstreckt sich jedoch nur auf den Rahmen des Tarifvertragsinhalts. Bleiben sämtliche Punkte offen, so ist der mutmaßliche Wille der Tarifparteien zu erforschen, ohne aus diesem Schweigen einen Regelungsverzicht zu entnehmen, was zu einer absoluten Friedenspflicht führen würde[334].

---

[331] *Richardi*, Kollektivgewalt und Individualwille bei der Gestaltung des Arbeitsverhältnisses, München 1968, S. 429; *Nipperdey*, Beiträge zum Tarifrecht, S. 160.
[332] *Richardi*, S. 429; *Hueck/Nipperdey*, S. 356 ff.; vgl. auch *Reuss*, Die Schutz- und Ordnungsfunktion der Gewerkschaften, RdA 1968, S. 410 f.
[333] *Brox/Rüthers*, S. 75; *Nipperdey*, Festschrift Schmitz, S. 280, 281.
[334] *Brox/Rüthers*, S. 74 f.; s. auch *Rüthers*, Die Spannung zwischen individualrechtlichen und kollektivrechtlichen Wertmaßstäben im Arbeitskampfrecht, AuR 1967, S. 129 f.; ders., Zur Beseitigung von Arbeitsverträgen durch Aussperrung, DB 1969, S. 967 f.

Drittes Kapitel

Die Nachprüfung des Auslegungsergebnisses durch das Revisionsgericht

§ 5 Allgemeines zur Revisibilität von Willenserklärungen

Die Revisibilität der Auslegung von Willenserklärungen ist bisher einheitlich zunächst als Tatsachenfeststellung angesehen und infolgedessen verneint worden[335]. Tatsachenfeststellungen durch die Vorinstanzen binden das Revisionsgericht, sofern keine zulässigen und begründeten Revisionsangriffe erhoben sind (§ 561 Abs. 2 ZPO).

Die Anwendung des § 133 BGB hat dagegen das Revisionsgericht ständig von Amts wegen und ohne ausdrückliche Rüge zu prüfen, da es sich um Gesetzesanwendung handelt[336]. Das Gericht hat zu prüfen, ob das Gesetz „nicht oder nicht richtig angewendet worden ist" (§ 550 ZPO).

Lehre und Rechtsprechung sind weitgehend darüber einig, was unter Tatsachen im Sinne des § 561 Abs. 2 ZPO zu verstehen ist. Das sind zunächst die Erklärungshandlung, die gesamten äußeren Begleitumstände, der Wille des Erklärenden und die Kenntnisnahme des Erklärungsempfängers sowie u. U. die örtlichen Verkehrssitten oder der regionale Handelsbrauch[337]. Die Feststellung dieser Fakten entgeht der Nachprüfung des Revisionsgerichts. Dieses hat sich vielmehr darauf zu beschränken, ob die Auslegung unter Berücksichtigung der gesetzlichen Auslegungsregeln unternommen worden ist. Damit sind nicht nur die gesetzlich festgelegten Auslegungsregeln der §§ 133, 157, 242 BGB gemeint, sondern auch die ungeschriebenen Auslegungsnormen, die den Richter bei dem Auslegungsprozeß leiten, wie etwa Erfahrungssätze, Denkregeln usw.[338]

---

[335] § 549 Abs. 1 ZPO; vgl. *Stein/Jonas*, ZPO, 19. Aufl. 1968, § 549 III B 4 mit umfangreichen Nachw.; *Rosenberg/Schwab*, Lehrbuch, 10. Aufl. 1969, § 144 I 3, S. 756; *Stumpf*, Zur Revisibilität der Auslegung von privaten Willenserklärungen, Festschrift Nipperdey 1965, Bd. I, S. 957 ff.; *Säcker*, Gruppenautonomie und Übermachtkontrolle im Arbeitsrecht, S. 182; *Henke*, Die Tatfrage, 1965, S. 226 ff.; *Schwinge*, Grundlagen des Revisionsrechts, 2. Aufl. 1960, S. 58 ff.
[336] *Stein/Jonas*, § 549 III B 4.
[337] Vgl. BGH LM Nr. 1 zu § 157 (B) BGB mit Nachw.; *Soergel/Siebert*, § 157 Rdnr. 35; BGH LM Nr. 1 zu § 346 (F) HGB.
[338] *Schwinge*, S. 176 f.

3. Kap.: Die Nachprüfung durch das Revisionsgericht

Die Entwicklung des Willenserklärungsbegriffs zu atypischen und typischen Willenserklärungen[339] hat die höchstrichterliche Rechtsprechung zu folgender Unterscheidung geführt: Die Auslegung von atypischen Willenserklärungen bleibt eine Tatsachenfeststellung und ist deshalb beschränkt revisibel[340]. Der Wille der Parteien läßt sich durch die Beweiserhebung ermitteln und entzieht sich der Nachprüfung des Revisionsgerichts. Ausnahmsweise sind neue Tatsachen zu beachten, wenn sie zur Begründung einer Verfahrensrüge vorgebracht sind (vgl. §§ 561 Abs. 1 S. 2, 554 Abs. 3 Nr. 2 b ZPO).

Die Auslegung typischer Willenserklärungen ist dagegen unbeschränkt revisibel. Diese Willenserklärungen werden als allgemeine Normen angesehen und beherrschen eine Vielheit von anderen bereits bestehenden oder künftigen Vertragsverhältnissen[341]. Das Revisionsgericht kann daher den Sinn solcher Verträge allein feststellen, ohne an die Auslegung des Berufungsgerichts gebunden zu sein. Denn hier beschränkt sich die Auslegung nicht auf die Besonderheiten des einzelnen Falles, sondern sie beansprucht Geltung für eine Vielheit von einzelnen Rechtsverhältnissen. Das Revisionsgericht versteht sich also als Näher der gleichmäßigen Auslegung und Anwendung und somit der Rechtseinheitlichkeit[342].

Die höchstrichterliche Rechtsprechung geht also bei den atypischen Willenserklärungen davon aus, daß die Feststellung der äußeren Erklärung wie auch die Feststellung des von dem Erklärenden Gewollten und der vom Erklärungsempfänger beigemessenen Bedeutung eine Beweisfrage ist und insofern eine Tatfrage darstellt. Das ist klar. Genauso evident ist es jedoch, daß die Anwendung der Auslegungsvorschriften (§§ 133, 157, 242 BGB) sowie der allgemeinen Denk- und Erfahrungssätze eine Rechtsfrage ist, die der Nachprüfung des Revisionsgerichts unterliegt. Das gleiche gilt für die Anwendung der Beweisregeln und für die Würdigung des Beweisergebnisses[343]. Sinnermittlung und Erklärungswert sind also als Tatsachenfeststellung und Rechtsanwendung anzusehen. Die Grenzziehung zwischen beiden ist eine schwierige Aufgabe, der das Gericht nicht immer nachzukommen vermag. So läßt es

---

[339] So gelten z. B. als atypische Verträge diejenigen, die nicht häufig im gleichen Sinne abgeschlossen werden; dagegen als typische diejenigen, die typische Erklärungssachverhalte darstellen; vgl. *Stein/Jonas*, § 549 III B; *Säcker*, S. 182; *Stumpf*, S. 598.
[340] d. h. nur insoweit, als es um die Frage geht, ob das Berufungsgericht bei der Auslegung gegen Rechtsregeln verstoßen hat; siehe dazu BGH LM Nr. 1 zu § 133 (B) BGB, Nr. 2 zu § 133 (A) BGB, Nr. 1 zu § 260 BGB, BAG AP Nr. 6 zu § 550 ZPO.
[341] So für die allgemeinen Geschäftsbedingungen BGH vom 12. 2. 1952, BGHZ 5, III; BGH vom 29. 10. 1956, BGHZ 22, 109; BGH 5. 4. 1962, BGHZ 37, 94.
[342] Vgl. *Henke*, S. 191; *Schwinge*, S. 26 f.
[343] Vgl. *Stumpf*, S. 957; *Klug*, Festschrift Möhring 1965, S. 365.

der BGH öfter ausdrücklich offen, wie weit sich die Zuständigkeit des Revisionsgerichts bei der Nachprüfung der Auslegung einer Willenserklärung erstreckt[344]. Man kann sogar manchmal annehmen, um mit *Flume* zu sprechen[345], daß der Bundesgerichtshof, wenn er eine Auslegung des Berufungsgerichts für unrichtig hält, auch seine Zuständigkeit für die Überprüfung der Auslegung zu begründen vermag. „Es ist offensichtlich, daß durch diese Praxis der Unterschied von Tatsacheninstanz und Revisionsinstanz hinsichtlich der Auslegung teilweise aufgehoben wird, wie es aber auch der Natur der Sache gemäß ist."

§ 6 Die Revisibilität der Tarifvertragsauslegung im besonderen

A. Die Voraussetzung voller Nachprüfbarkeit: der normative Charakter der Bestimmungen

Das Revisionsverfahren vor dem Bundesarbeitsgericht wird zunächst dadurch gekennzeichnet, daß nach § 73 Abs. 1 ArbGG jede Rechtsnorm revisibel ist und daß die Beschränkung des § 549 Abs. 1 ZPO hinsichtlich der revisiblen Gesetze für die Arbeitsgerichtsbarkeit nicht gilt[346].

§ 73 Abs. 1 ArbGG lautet:

„Die Revision kann nur darauf gestützt werden, daß das Urteil des Landesarbeitsgerichts auf der Verletzung einer Rechtsnorm beruht."

Der von dem Gesetzgeber gewählte Ausdruck „Rechtsnorm" eröffnet somit nur dem normativen Teil eines Tarifvertrages den Weg zu der vollen Nachprüfung durch die Revisionsinstanz, denn nur dieser Teil enthält „Rechtsnormen" (§ 1 Abs. 1 TVG). Für die Revisibilität der Tarifvertragsauslegung bleibt insofern die Unterscheidung zwischen dem normativen und dem schuldrechtlichen Teil das entscheidende Kriterium. Die Revision kann nur auf die Verletzung bzw. die falsche Interpretation der Bestimmungen normativen Charakters gestützt werden. Dieser normative Teil kann von der Revisionsinstanz selbständig ausgelegt werden[347]. § 561 Abs. 2 ZPO, der nach § 72 Abs. 3 ArbGG auch für das Revisionsverfahren vor dem Bundesarbeitsgericht gilt, bindet das Revisionsgericht nur an tatsächliche Feststellungen des Landesarbeitsgerichts in bezug auf den Tatbestand des streitigen Rechts-

---
[344] s. BGH vom 28. 3. 1962, LM Nr. 7 zu § 133 (B) BGB.
[345] Allg. Teil, § 16, 6, S. 340.
[346] Vgl. BAG AP Nr. 1 zu § 73 ArbGG; *Stumpf*, S. 968; *Dersch/Volkmar*, ArbGG, 6. Aufl. 1955, § 73, S. 933; *Dietz/Nikisch*, ArbGG, § 73 Anm. 2.
[347] *Hueck/Nipperdey*, S. 361; BAG vom 26. 4. 1966, AP Nr. 117 zu § 1 TVG Auslegung; *Hueck/Nipperdey*, Grundriß, 3. Aufl., S. 212.

verhältnisses, nicht an Feststellungen, die der Ermittlung der rechtlichen Bedeutung einer Tarifnorm dienen. Bei der Prüfung materieller Rechtsnormen hat das Revisionsgericht deshalb von Amts wegen alles festzustellen, was zur Ermittlung von Inhalt und Tragweite der Norm erforderlich und sachdienlich ist[348].

Es kann also die Entstehungsgeschichte des Tarifvertrages selbst erforschen, die Tarifvertragsmaterialien überprüfen und die tarifliche Übung bewerten[349].

B. Die Besonderheit der unbestimmten Begriffe des Tarifvertrages

Die Frage der Revisibilität der Tarifvertragsauslegung wird nuanciert durch die unbestimmten Rechtsbegriffe, die jeder Tarifvertrag enthält. Es ist oben bei der Untersuchung des Wortlauts des Tarifvertrages[350] gezeigt worden, daß zu den streitträchtigsten Teilen des Tarifvertrages die Vergütungsgruppen mit den zu ihnen gehörenden Tätigkeitsmerkmalen gehören. Diese Tätigkeitsmerkmale sind unbestimmte Rechtsbegriffe[351]. Wie alle unbestimmten Rechtsbegriffe sind sie auch Rechtssatzbestandteile, die bloße Rahmen darstellen und durch die Rechtslehre und Rechtsprechung ausgefüllt werden müssen[352].

Die Antwort auf die Frage, ob die unbestimmten Begriffe des Tarifvertrages voll revisibel sind, richtet sich danach, ob die Ausfüllungstätigkeit des Richters eine Subsumtion als Rechtsfrage darstellt oder ob ein nicht oder nicht absolut nachprüfbarer Beurteilungsspielraum vorliegt[353].

Die Annahme, daß es sich um eine Subsumtion handelt, entspricht zunächst eher der Rechtsnatur des normativen Teils als Gesetz im materiellen Sinne. Wenn der Tarifvertrag sämtliche Tätigkeitsmerkmale vorschreibt, ist die Eingruppierung des Arbeitnehmers in die Lohngruppe die Voraussetzung für die Entstehung seines Anspruchs auf die Lohnhöhe. Diese Eingruppierung bedeutet jedoch keine Gestaltung des Vertragsinhalts, sondern eine Klarstellung des schon durch den Tarifvertrag festgelegten Inhalts. Das geschieht nur im Wege

---

[348] BAG AP Nr. 115 zu § 1 TVG Auslegung.
[349] „Es bedarf keiner Verfahrensrüge seitens des Revisionsklägers, um eine durch das Berufungsgericht auf tatsächliche Feststellungen gestützte Auslegung einer Rechtsnorm einer Überprüfung durch das Revisionsgericht zugänglich zu machen", BAG AP Nr. 115 zu § 1 TVG Auslegung.
[350] s. oben § 3, C I.
[351] Vgl. *Schumacher*, Der unbestimmte Rechtsbegriff im Tarifrecht, DB 1960, S. 1008.
[352] Vgl. *Schwinge*, S. 124.
[353] Das BAG hat gelegentlich die Ansicht vertreten, die konkrete Beurteilung bei der Auslegung unbestimmter Begriffe sei innerhalb eines „Beurteilungsspielraums" des Tatrichters unüberprüfbar; vgl. BAG AP Nr. 25 zu Art. 44 Truppenvertrag.

§ 6 Die Revisibilität der Tarifvertragsauslegung im besonderen

der Subsumtion, indem sich die festgelegte Norm mit dem Tatbestand (Tätigkeit) deckt.

Eine zweite Frage ist, ob diese Subsumtion unter die tariflichen unbestimmten Rechtsbegriffe unbeschränkt oder nur beschränkt revisibel ist. Das Hauptargument für die volle Nachprüfbarkeit bietet die Maxime der generalisierenden Gerechtigkeit[354]. In dem Tarifvertrag werden Bedingungen festgelegt, die generelle Maßstäbe darstellen und die eine bestimmte Gattung von Fällen erfassen. Die Subsumtion des einzelnen Falles unter einen solchen generellen Maßstab „hebt seine Isolierung und Einzigartigkeit auf und ermöglicht die Fallvergleichung mit anderen, dem selben Maßstab unterworfenen Sachverhalten"[355]. Die Konkretisierung der tariflichen unbestimmten Begriffe beinhaltet daher zugleich die Charakteristika des Abstrakt-Generellen. Diese Tatsache spricht für die Anwendung des Grundsatzes der vollen Revisibilität der tariflichen unbestimmten Begriffe.

Für die Rechtsprechung des BAG scheint jedoch — nicht ganz zu Unrecht — einmal die Überlegung wichtig zu sein, daß die Anerkennung der absoluten Revisibilität der unbestimmten Begriffe zu einer schweren Belastung der Revisionsinstanz führen würde. Andererseits muß man bedenken, daß tarifliche unbestimmte Begriffe meistens „Intensitätsbegriffe" sind — Rechtsbegriffe des Grades —[356], was die Kontrolle der Subsumtion wesentlich erschwert[357]. Darüber hinaus fühlt sich die Revisionsinstanz nicht in der Lage, die Überzeugungskraft der Vorinstanzen zu ersetzen: es scheint nicht zuletzt überflüssig, in die Autorität der Vorinstanzen einzugreifen[358]. Deshalb betont das Bundesarbeitsgericht, die Anwendung von unbestimmten Rechtsbegriffen sei nur daraufhin zu prüfen, „ob der Rechtsbegriff selbst verkannt ist oder ob bei der Unterordnung des Sachverhaltes unter die Tarifnorm Denkgesetze oder allgemeine Erfahrungssätze verletzt sind oder die Bewertung wegen Außerachtlassung wesentlicher Umstände fehlerhaft ist"[359]; im übrigen liege die Bewertung im Beurteilungsspielraum der Tatsacheninstanz[360].

Soweit es sich also bei den Tarifvorschriften um allgemeine, unbestimmte Rechtsbegriffe handelt, sind die der Revisionsinstanz gezogenen

---
[354] Vgl. *Henke*, S. 193.
[355] So wörtlich *Henke*, S. 256 - 257.
[356] *Henke*, S. 280.
[357] z. B. bei den Tätigkeitsmerkmalen eines qualifizierten Facharbeiters und eines „hochqualifizierten" Facharbeiters.
[358] Vgl. *Stumpf*, S. 960, nach welchem dazu auch eine „gewisse Portion Bequemlichkeit" gehört.
[359] BAG vom 9. 12. 1970, AP Nr. 35 zu §§ 22, 23 BAT.
[360] Für die Rechtsprechung gilt hier dasselbe wie beim Vorliegen eines wichtigen Grundes, hinsichtlich dessen die Nachprüfung der Entscheidung des Tatsachenrichters durch das Revisionsgericht ebenfalls nur beschränkt zulässig ist; vgl. BAG AP Nr. 25 zu Art. 44 Truppenvertrag.

Grenzen zu beachten. Wenn der Tatsachenrichter aufgrund der von ihm durchgeführten Beweisaufnahme zu der Auffassung gekommen ist, daß die tatsächlichen Voraussetzungen für das Vorliegen eines solchen unbestimmten Rechtsbegriffes gegeben sind, so ist das in der Revisionsinstanz nur beschränkt nachprüfbar.

C. Die Revisibilität der Auslegung des schuldrechtlichen Teils

Der schuldrechtliche Teil des Tarifvertrages setzt Rechte und Pflichten fest, die zwischen den Tarifvertragsparteien gelten sollen[361]. Der vertragliche Charakter der Bestimmungen des schuldrechtlichen Teils hat den Anstoß gegeben, seine Auslegung als reine Tatsachenfeststellung anzusehen. Infolgedessen hat sich die Meinung durchgesetzt, das Revisionsgericht sei an die Auslegung des obligatorischen Teils durch den Tatrichter gebunden[362]. Mit der Revision könne nur gerügt werden, daß der Tatsachenrichter die Auslegung unter Verletzung verfahrensrechtlicher Vorschriften gewonnen oder daß er allgemeine oder gesetzliche Auslegungsregeln verletzt habe, und nur insoweit sei das angefochtene Urteil nachzuprüfen.

Diese Ablehnung der selbständigen Nachprüfung des obligatorischen Teils durch das Revisionsgericht ist nicht befriedigend. Sie geht von der klassischen Unterscheidung zwischen Tatsachenfeststellung, die die Auslegung eines Vertrages darstellt, und Rechtsanwendung, was bei der Normauslegung der Fall ist, aus. Das genügt aber im Falle eines Tarifvertrages nicht. Man darf nicht verkennen, daß die Bestimmungen des schuldrechtlichen Teils meistens auch auf kollektiver Ebene aufgestellt sind und dadurch für das gesamte Tarifgebiet Geltung beanspruchen. Insofern besteht auch hier derselbe Grund, der die volle Revisibilität des normativen Teils gerechtfertigt[363]. Für die Bestimmungen also, die trotz ihrer vertraglichen Fixierung über die Tarifparteien hinauswirken, ist eine Nachprüfbarkeit zu bejahen[364]. Sie ist nicht zuletzt aus dem Bedürfnis nach einer einheitlichen Anwendung des Tarifvertrages notwendig[365].

---

[361] Vgl. oben § 4 B.

[362] *Hueck/Nipperdey*, Bd. II/1, S. 362; *Nikisch*, Bd. II, S. 225.

[363] Schon die Entscheidung, ob eine Bestimmung einen normativen oder einen schuldrechtlichen Charakter hat, bereitet große Schwierigkeiten; vgl. RAG 19, 256.

[364] Vgl. *Meissinger*, Typische Verträge in der Revisionsinstanz, BB 1955, S. 1092; die h. M. macht eine Ausnahme nur für Vertragsklauseln typischen Inhalts. Es ist jedoch umstritten, was darunter zu verstehen ist; vgl. *Hueck/Nipperdey*, S. 363.

[365] Dieses Argument wird bekräftigt, wenn man bedenkt, daß das BAG die Auslegung eines Einzelarbeitsvertrages, der ganz auf eine tarifvertragliche Regelung Bezug nimmt, der Prüfung der Revision in vollem Umfang unterworfen hat; BAG vom 12. 8. 1959, AP Nr. 1 zu § 305 BGB, Nr. 12 zu § 550 ZPO.

§ 7 Schlußwort

1. Die vorliegende Arbeit dürfte gezeigt haben, daß die Tarifvertragsauslegung im Spannungsfeld zwischen den unterschiedlichen Maßstäben der Rechtsgeschäfts- und der Gesetzesauslegung steht. Das ist vorwiegend darauf zurückzuführen, daß die interpretatorische Behandlung des Tarifvertrages von der Stellungnahme zum Problem seiner juristischen Natur weitgehend abhängig gemacht wird[366]. Die rechtsgeschäftliche Herkunft und die teilweise normative, teilweise schuldrechtliche Wirkungsweise des Tarifvertrages führt andererseits häufig zu einer Aporie bezüglich der zu verwendenden Auslegungsprinzipien[367].

Die Diskussion über die Methode der Tarifvertragsauslegung leidet darüber hinaus daran, daß sie von der tradierten Gegenüberstellung von Rechtsgeschäfts- und Gesetzesinterpretation ausgeht. Es wird allerdings dabei verkannt, daß diese Diskrepanz heute immer stärker als unhaltbar angesehen wird[368]. Ziel der Gesetzesauslegung ist die Ermittlung der von dem Gesetzgeber für bestimmte, von ihm erkannte Sachverhaltstypen getroffenen Wertentscheidungen; Ziel der Auslegung des Rechtsgeschäfts ist die Erforschung des Willens der am Rechtsgeschäft Beteiligten. Für beide Fälle gilt insofern die Interpretationsmaxime des § 133 BGB, daß der wirkliche Wille zu erforschen und nicht an dem buchstäblichen Sinn des Ausdrucks zu haften

---

[366] Vgl. noch einmal zu den Konstruktionskontroversen *Rehbinder*, Die Rechtsnatur des Tarifvertrages, JR 1968, S. 167 f.; *Biedenkopf*, Grenzen der Tarifautonomie, S. 36 ff.; *Kaufmann*, Normsetzungsbefugnis der Tarifpartner, NJW 1966, S. 1681 ff.; *Schnorr*, Inhalt und Grenzen der Tarifautonomie, JR 1966, S. 327 ff.; *Sieg*, Der Tarifvertrag im Blickpunkt der Dogmatik des Zivilrechts, AcP 151, S. 246 ff.
[367] Vgl. *Palme*, Die Auslegung von Tarifverträgen, BlStSozArbR 1961, S. 11 ff.; *Waechter*, Die Auslegung von Tarifverträgen, BlStSozArbR 1962, S. 327; *Steinke*, Die Technik der Gestaltung von Tarifnormen, DB 1970, S. 978 f.
[368] Vgl. *Hirsch*, Zu einer „Methodenlehre der Rechtswissenschaft", JZ 1962, S. 329 (334); *Esser*, Die Interpretation im Recht, Studium Generale Bd. 7, S. 372 ff.; *Pawlowski*, Gedanken zur Methode der Gesetzesauslegung, AcP 160, S. 209 ff.; *Ecker*, Gesetzesauslegung vom Ergebnis her, JZ 1967, S. 267; ders., Das Recht wird in und mit der Auslegung, JZ 1969, S. 477 ff.; *Ramm*, Auslegung und gesetzesändernde Rechtsfortbildung, AuR 1962, S. 353 ff.; s. auch *Stratenwert*, Zum Streit der Auslegungstheorien, Festschrift Germann 1969, S. 257 ff.; *Westermann*, Die Anpassung der Auslegungsmethode an die Eigenart des auszulegenden Willensaktes, Festschrift Arnold 1955, S. 281 ff.; *Wieacker*, Die Methode der Auslegung des Rechtsgeschäfts, JZ 1967, S. 385 ff.; *Säcker*, Rechtsfragen der außerordentlichen Kündigung von Betriebsratsmitgliedern, DB 1967, S. 2027 ff.

ist. Dabei macht für die Gesetzesauslegung einen Unterschied die Tatsache, daß das Gesetz sich an unbestimmte Personen richtet. Dies hat zur Folge, daß die oben genannte Interpretationsmaxime nicht uneingeschränkt angewendet werden darf, sondern mit Rücksicht auf das durch den Gesetzgeber hervorgerufene Vertrauen der Rechtsgenossen.

Bei der Rechtsgeschäftsauslegung wird diese absolute Dominanz des Willens durch den § 157 BGB eingeschränkt; danach sind Verträge nach Treu und Glauben mit Rücksicht auf die Verkehrssitte auszulegen. Dadurch wird zwischen dem Interesse des Erklärenden, an das subjektiv Gewollte gebunden zu bleiben, und dem Interesse des Erklärungsempfängers, an dem von ihm verstandenen Inhalt festzuhalten, ein optimaler Ausgleich erreicht[369]. Dieser Ausgleich bzw. diese Interessenabwägung erfordert einen Rückfall der absoluten Subjektivität von beiden Seiten, allerdings immer mit Rücksicht auf die Eigenarten des zu interpretierenden Willensaktes[370]. Infolgedessen tritt neben den Begriffen „Privatautonomie" — „Willenserklärung" der topos „Vertrauens"-, „Verkehrsschutz" in den Vordergrund[371].

2. Unter diesen Gesichtspunkten sollte man bei der Auslegung eines Tarifvertrages ihn als einen einheitlichen Willensakt ansehen. Die unterschiedliche Auslegung des normativen und des obligatorischen Teils hat sich als unfruchtbar erwiesen. Eine gewisse Abweichung kann u. U. bezüglich des Vertrauensgedankens für notwendig erachtet werden wegen der unterschiedlichen Wirkungen beider Teile.

3. Der Grundsatz „falsa demonstratio non nocet" beansprucht auch bei der Auslegung des Tarifvertrages Geltung, wenn es auch um die Auslegung einer Tarifnorm geht.

4. Die tarifliche Übung vermag zugunsten des Vertrauens der Tarifunterworfenen die Ordnungsfaktoren des Tarifvertrages zu begrenzen, vor allem, wenn sie durch das Verhalten der Tarifpartner hervorgerufen wurde.

5. Die teleologische Auslegung muß unter Berücksichtigung der besonderen Aufgaben einer Koalition unternommen werden. Die Ermittlung des Zweckes und die Entscheidung, über seine Rechtmäßigkeit muß auch unter diesen Aspekten getroffen werden.

---

[369] Vgl. *Hubmann*, Grundsätze der Interessenabwägung, AcP 155, S. 85 ff. (103 ff.); *Hanau*, Objektive Elemente der Willenserklärung, AcP 165, S. 220 ff.
[370] Vgl. *Westermann*, S. 281 ff.
[371] s. *Viehweg*, Topik und Jurisprudenz, letzter Teil: „Topik und Zivilistik"; vgl. auch *Horn*, Zur Bedeutung der Topiklehre Theodor Viehwegs für eine einheitliche Theorie des juristischen Denkens, NJW 1967, S. 601 ff.

6. Schließlich ist die Einheitlichkeit des Tarifvertrages auch in der Revisionsinstanz zu berücksichtigen. Die Wirkung einer Vielzahl von Bestimmungen des schuldrechtlichen Teils auf die Tarifunterworfenen rechtfertigt darüber hinaus auch die Nachprüfung durch das Revisionsgericht.

Literaturverzeichnis

A. Lehrbücher und Kommentare

BAT: Kommentar zum Bundesangestelltentarifvertrag, Hauptband I, Stuttgart 1968, § 4 (Ballerstedt)

Blomeyer, Arwed: Allgemeines Schuldrecht, 4. Aufl. Berlin und Frankfurt a. M. 1969

Brox, Hans und Bernd *Rüthers:* Arbeitskampfrecht. Ein Handbuch für die Praxis, Stuttgart 1965

Dersch, Hermann und Erich *Volkmar:* Arbeitsgerichtsgesetz, Kommentar, 6. Aufl. Berlin und Frankfurt a. M. 1955

Dietz, Rolf und Arthur *Nikisch:* Arbeitsgerichtsgesetz, Kommentar, München und Berlin 1954

Enneccerus, Ludwig und Hans Carl *Nipperdey:* Allgemeiner Teil des Bürgerlichen Rechts, 15. Aufl. Tübingen 1959

Flume, Werner: Allgemeiner Teil des Bürgerlichen Rechts, II. Bd., Das Rechtsgeschäft, Berlin - Heidelberg - New York 1965

Huber, Ernst Rudolf: Wirtschaftsverwaltungsrecht, Bd. II, 2. Aufl. Tübingen 1953/54

Hueck, Alfred und Hans Carl *Nipperdey:* Lehrbuch des Arbeitsrechts, 7. Aufl. Berlin und Frankfurt a. M. 1967

— Grundriß des Arbeitsrechts, 3. Aufl. Berlin und Frankfurt a. M. 1965

Hueck, Alfred, Hans Carl *Nipperdey* und Eugen *Stahlhacke:* Tarifvertragsgesetz mit Durchführungs- und Nebenvorschriften, Kommentar, 4. Aufl. München und Berlin 1964

Jacobi, Erwin: Grundlehren des Arbeitsrechts, Leipzig 1927

Kaskel, Walter und Hermann *Dersch:* Arbeitsrecht, begründet von Walter Kaskel, neu bearbeitet seit der 4. Aufl. von Hermann Dersch, 5. Aufl. Berlin - Göttingen - Heidelberg 1957

Larenz, Karl: Lehrbuch des Schuldrechts, Bd. I, Allgemeiner Teil, 10. Aufl. München 1970

— Allgemeiner Teil des Bürgerlichen Rechts, München 1967

Leibholz, Gerhard und Hans Justus *Rinck:* Grundgesetz für die Bundesrepublik Deutschland, Kommentar an Hand der Rechtsprechung des Bundesverfassungsgerichts, 4. Aufl. Köln-Marienburg 1971

v. Mangoldt, Hermann und Friedrich *Klein:* Das Bonner Grundgesetz, erläutert von Mangoldt, 2. Aufl. von Klein, Bd. I, Berlin und Frankfurt a. M. 1957

Maunz, Theodor und Günther *Dürig:* Grundgesetz, Kommentar, Bd. I, Art. 1 bis 53, München 1971

Maunz, Theodor: Deutsches Staatsrecht, 16. Aufl. München 1968

Maus, Wilhelm: Tarifvertragsgesetz, Kommentar, Göttingen 1956

Molitor, Erich: Kommentar zur Tarifvertragsordnung vom 23. Dezember 1918/ 1. März 1928, Berlin 1930

Nikisch, Arthur: Arbeitsrecht, Bd. II, Koalitionsrecht, Arbeitskampfrecht und Tarifvertragsrecht, 2. Aufl. Tübingen 1959

Rosenberg, Leo und Karl Heinz *Schwab:* Zivilprozeßrecht, 10. Aufl. München 1969

v. Savigny, Friedrich Carl: System des heutigen römischen Rechts, Bd. I, Berlin 1840

Schwinge, Erich: Grundlagen des Revisionsrechts, 2. Aufl. Bonn 1960

Sinzheimer, Hugo: Ein Arbeitstarifgesetz, München und Leipzig 1916

Söllner, Alfred: Arbeitsrecht, 2. Aufl. Stuttgart 1971

Stein, Friedrich und Martin *Jonas:* Kommentar zur Zivilprozeßordnung, II. Bd., 19. Aufl. Tübingen 1972

v. Staudinger, Julius und Helmut *Coing:* Kommentar zum BGB, Allgemeiner Teil, 11. Aufl. Berlin 1957

v. Tuhr, Andreas: Allgemeiner Teil des Deutschen Bürgerlichen Rechts, Berlin 1957

Windscheid, Bernhard: Lehrbuch des Pandektenrechts, 9. Aufl., bearbeitet von Theodor Kipp, Frankfurt a. M. 1906

B. Dissertationen und Monographien

Achilles, Wolfgang: Der tatsächliche Parteiwille bei der Auslegung von Tarifverträgen, Diss. Köln 1967

Adomeit, Klaus: Gestaltungsrechte, Rechtsgeschäfte, Ansprüche, Berlin 1969

— Rechtsquellenfragen im Arbeitsrecht, München 1969

Biedenkopf, Kurt: Grenzen der Tarifautonomie, Karlsruhe 1964

Bötticher, Eduard: Gestaltungsmacht und Unterwerfung im Privatrecht, Berlin 1964

Brox, Hans: Die Einschränkung der Irrtumsanfechtung. Ein Beitrag zur Lehre von der Willenserklärung und deren Auslegung, Karlsruhe 1960

Canaris, Claus Wilhelm: Die Feststellung von Lücken im Gesetz, Berlin 1964

— Systemdenken und Systembegriff in der Jurisprudenz, entwickelt am Beispiel des deutschen Privatrechts, Berlin 1969

Coing, Helmut: Die juristischen Auslegungsmethoden und die Lehren der allgemeinen Hermeneutik, Köln 1959

Engisch, Karl: Einführung in das juristische Denken, 4. Aufl. Stuttgart 1968

Esser, Josef: Grundsatz und Norm in der richterlichen Fortbildung des Privatrechts, 2. Aufl. Tübingen 1964

— Vorverständnis und Methodenwahl in der Rechtsfindung, Frankfurt a. M. 1970

Füllkrug, Dieter: Die betriebliche Übung als Erscheinung des Rechts der Betriebsgemeinschaft, Diss. Köln 1969

Gadamer, Hans Georg: Wahrheit und Methode, 2. Aufl. Tübingen 1965

Georgiadis, Apostolos: Die Anspruchskonkurrenz im Zivilrecht und Zivilprozeßrecht, München 1967

Hedemann, Justus Wilhelm: Die Flucht in die Generalklauseln, Eine Gefahr für Recht und Staat, Tübingen 1933

Henke, Horst Eberhardt: Die Tatfrage, Berlin 1966

Himmelmann, Gerhard: Lohnbildung durch Kollektivverhandlungen, Berlin 1971

Kalomiris, Dimitrios: Der normative Teil des Tarifvertrages unter Berücksichtigung des belgischen, französischen, griechischen, österreichischen und schweizerischen Tarifrechts, Diss. München 1955

Kelsen, Hans: Reine Rechtslehre. Mit einem Anhang: Das Problem der Gerechtigkeit, 2. Aufl. Wien 1960

Kriele, Martin: Theorie der Rechtsgewinnung, entwickelt am Problem der Verfassungsinterpretation, Berlin 1967

Larenz, Karl: Die Methode der Auslegung des Rechtsgeschäfts, Leipzig 1930, Neudruck Berlin und Frankfurt a. M. 1966

— Methodenlehre der Rechtswissenschaft, 2. Aufl. Berlin - Heidelberg - New York 1969

Lüderitz, Alexander: Die Auslegung von Rechtsgeschäften, Karlsruhe 1966

Lukes, Rudolf: Der Kartellvertrag. Das Kartell als Vertrag mit Außenwirkungen, München und Berlin 1959

Mengel, Horst: Betriebliche Übung und ihre rechtsgestaltenden oder rechtsvollziehenden Funktionen, Diss. Köln 1966

Nipperdey, Hans Carl: Kontrahierungszwang und diktierter Vertrag, Jena 1920

— Beiträge zum Tarifrecht, Mannheim - Berlin - Leipzig 1924

Peters, Hans: Geschichtliche Entwicklung und Grundfragen der Verfassung, Berlin - Heidelberg - New York 1969

Ramm, Thilo: Die Parteien des Tarifvertrages. Kritik und Neubegründung der Lehre vom Tarifvertrag, Stuttgart 1961

Reinhardt/König: Richter und Rechtsfindung, München 1957

Richardi, Reinhard: Kollektivgewalt und Individualwille bei der Gestaltung des Arbeitsverhältnisses, München 1968

Rüthers, Bernd: Streik und Verfassung, Köln 1960

— Die unbegrenzte Auslegung. Zum Wandel der Privatrechtsordnung im Nationalsozialismus, Tübingen 1968

— Institutionelles Rechtsdenken im Wandel der Verfassungsepochen. Ein Beitrag zur politisch-kritischen Funktion der Rechtswissenschaft, Bad Homburg v. d. H. - Berlin - Zürich 1970

Säcker, Franz Jürgen: Grundprobleme der kollektiven Koalitionsfreiheit. Rechtsquellen- und interpretationstheoretische Bemerkungen zur legislativen und judikativen Konkretisierung des Art. 9 Abs. 3 GG, Düsseldorf 1969

— Gesellschaftsvertragliche und erbrechtliche Nachfolge in Gesamthandsmitgliedschaften. Eine Analyse der unterschiedlichen gesetzlichen Ordnungsstrukturen. Bad Homburg v. d. H. - Berlin - Zürich 1970

— Gruppenautonomie und Übermachtkontrolle im Arbeitsrecht (zitiert auch als: Gruppenautonomie), Schriften zum Sozial- und Arbeitsrecht, Bd. 8, Berlin 1972

Seiter, Hugo: Die Betriebsübung, Düsseldorf 1967

Siebert, Wolfgang: Die Methode der Gesetzesauslegung, Heidelberg 1958

Viehweg, Theodor: Topik und Jurisprudenz: Ein Beitrag zur rechtswissenschaftlichen Grundlagenforschung, 4. Aufl., München 1969

Wieacker, Franz: Privatrechtsgeschichte der Neuzeit, 2. Aufl. Göttingen 1967
Zippelius, Reinhold: Einführung in die juristische Methodenlehre, München 1971

C. Aufsätze und Beiträge zu Sammelwerken

Abendroth, Wolfgang: Innergewerkschaftliche Willensbildung, Urabstimmung und „Kampfmaßnahme", AuR 1959, S. 261

Adomeit, Klaus: Zur Theorie des Tarifvertrages, RdA 1967, S. 297
— Vermögensbildungsgesetz und Koalitionsfreiheit, RdA 1964, S. 309

Arndt, Adolf: Thesen zu Art. 9 Abs. 3 GG, Festschrift für Otto Kunze, Berlin 1969, S. 265

Balve, Rudolf: Begriff des Betriebsunfalls in Tarifverträgen, BB 1953, S. 916

Bettermann, Karl August: Verpflichtungsermächtigung und Vertrag zu Lasten Dritter, JZ 1951, S. 321

Biedenkopf, Kurt: Koalitionsfreiheit und Tarifautonomie als Strukturelemente der modernen Demokratie, in Duvernell: Koalitionsfreiheit und Tarifautonomie als Probleme der modernen Demokratie, Berlin 1968
— Zum Problem der negativen Koalitionsfreiheit, JZ 1961, S. 346

Bötticher, Eduard: Tarifvertragliche Vereinbarungen im Dienste der organisationspolitischen Zwecke einer Tarifvertragspartei, RdA 1966, S. 401

Bogs, Walter: Autonomie und verbindliche Selbstverwaltung im modernen Arbeits- und Sozialrecht, RdA 1956, S. 1
— AR-Blattei D - Tarifvertrag

de Boor, Hans Otto: Gesetzesauslegung und Technik im Urheberrecht, Festschrift für Hans Niedemeyer, Göttingen 1953, S. 31

Brox, Hans: Fragen der rechtsgeschäftlichen Privatautonomie, JZ 1966, S. 761

Bychelberg, H.: Auslegung der Begriffe „Maschinenbediener" — „Hilfskräfte an Maschinen" in einem Tarifvertrag, DB 1961, S. 811

Clauss, Helmut und Karl: Zum Begriff der Unklarheit, JZ 1960, S. 306
— Zum Begriff „eindeutig", JZ 1961, S. 660

Coing, Helmut: Geschichte und Bedeutung des Systemdenkens in der Rechtswissenschaft, Frankfurter Universitätsreden 1956, Heft 1, S. 26
— Kant und die Rechtswissenschaft, Frankfurter Universitätsreden 1955, Bd. 12, S. 34

Dietz, Rolf: Die Koalitionsfreiheit, in Bettermann/Nipperdey/Scheuner, Die Grundrechte, Bd. 3, Hlbd. 1, Berlin 1958, S. 417

Ecker, Walter: Gesetzesauslegung vom Ergebnis her, JZ 1967, S. 265
— Das Recht wird in und mit der Auslegung, JZ 1969, S. 477

Esser, Josef: Die Interpretation im Recht, Studium Generale Bd. 7 (1954), S. 372

Etzel, Gerhard: Tarifliche Ausschlußfristen und Ansprüche aus unerlaubten Handlungen, RdA 1968, S. 179

Flume, Werner: Rechtsgeschäft und Privatautonomie, in: Hundert Jahre deutsches Rechtsleben, Karlsruhe 1960, Bd. 1, S. 41.

Fuss: Zur richterlichen Prüfung von Gesetz und Gesetzanwendung, Festschrift Schack, 1966, S. 11

Gaul, Dieter: Tarifliche Ausschlußfristen, Bedeutung und Verhältnis zur Verjährung und Verwirkung. Abhandlungen zum Arbeits- und Wirtschaftsrecht, Bd. 14

Hanau, Peter: Gemeingebrauch am Tarifvertrag? JuS 1969, S. 213
— Objektive Elemente der Willenserklärung, AcP 165, S. 220

Heck, Philipp: Gesetzesauslegung und Interessenjurisprudenz, AcP 112, S. 1

Herschel, Wilhelm: Die Auslegung von Tarifvertragsnormen, Festschrift für Molitor 1962, S. 161
— Rationalisierung des Rechts, insbesondere des Arbeitsrechts, Festschrift für Sitzler, Stuttgart 1956, S. 287
— Gefahren der systematischen Auslegung, BB 1966, S. 791
— Die typologische Methode und das Arbeitsrecht, in: Recht und Rechtsleben in der sozialen Demokratie, Festschrift für Otto Kunze, Berlin 1969, S. 225

Hirsch, Ernst: Zu einer „Methodenlehre der Rechtswissenschaft", JZ 1962, S. 329

Horn, Norbert: Zur Bedeutung der Topiklehre Theodor Viehwegs für eine einheitliche Theorie des juristischen Denkens, NJW 1967, S. 601

Hubmann, Heinrich: Grundsätze der Interessenabwägung, AcP 155, S. 85

Hübner, Heinz: Zurechnung statt Fiktion einer Willenserklärung, Festschrift Nipperdey 1965, München und Berlin, Bd. I, S. 373

Hueck, Alfred: Die rechtliche Bedeutung der betrieblichen Übung, Festschrift Lehmann, Bd. II, Berlin - Tübingen - Frankfurt a. M., S. 633
— Inhalt des Tarifvertrages, AR-Blattei: Tarifvertrag V (24. 11. 1964)
— Rechtswirkungen des Tarifvertrages, AR-Blattei: Tarifvertrag VI (29. 12. 1964)
— Normenverträge, Iherings Jahrbücher für die Dogmatik des bürgerlichen Rechts (IherJb), Bd. 73 (1923), S. 33

Jesch, Dietrich: Auslegung gegen den Wortlaut und Verordnungen contra legem? JZ 1963, S. 241

Joachim, Hans: Die Einrede der Arglist gegenüber Tarifansprüchen, RdA 1954, S. 1

Kaufmann, Hermann: Normsetzungsbefugnis der Tarifpartner, NJW 1966, S. 1681

Klug: Die Verletzung von Denkgesetzen als Revisionsgrund, Festschrift Möhring 1965, S. 365

Krevet, Reinhold: Tarifliche Ausschlußfristen und Ansprüche aus unerlaubten Handlungen, BB 1969, S. 185

Laufke, Franz: Vertragsfreiheit und Grundgesetz, Festschrift Lehmann Bd. 1, Berlin und Frankfurt a. M. 1956, S. 145

Leser, Heinrich: Tarifliche Ausschlußfrist und Ansprüche aus unerlaubten Handlungen, BB 1968, S. 171

Luhmann, Niklas: Funktionale Methode und juristische Entscheidung, AöR 1969, S. 1

Maurer: Betriebsunfall und Wegeunfall in Tarifverträgen, RdA 1955, S. 101

Mayer-Maly, Theo: Zehn Jahre BAG, RdA 1964, S. 441

Mestmäcker, Ernst-Joachim: Über die normative Kraft privatrechtlicher Verträge, JZ 1964, S. 441

Meissinger, H.: Typische Verträge in der Revisionsinstanz, BB 1955, S. 1092

Miesner, D.: Änderung und Beendigung der betrieblichen Übung, Mitteilungen des deutschen Arbeitsgerichtsverbandes 1969, Heft Nr. 30, S. 8

Müller, Gerhard: Die Auslegung des normativen Teils eines Tarifvertrages nach der Rechtsprechung des BAG, DB 1960, S. 119

Neumann-Duesberg, Horst: Kollektivvertrag und Individualrecht, JZ 1960, S. 525

Nipperdey, Hans Carl: Fristversäumnis bei der Anmeldung von Versorgungsansprüchen, NJW 1962, S. 321

— Zur Abgrenzung der tariflichen Friedenspflicht, Festschrift für Hans Schmitz 1967, Bd. I, S. 275

Nipperdey, Hans Carl und Franz Jürgen *Säcker*: AR-Blattei, D-Tarifvertrag II C, Verhältnis zu anderen Rechtsquellen (8. 1. 1970)

Palme, A.: Zur Auslegung von Tarifverträgen, BlStSozArbR 1961, S. 11

Pawlowski, Hans Martin: Gedanken zur Methode der Gesetzesauslegung, AcP 160, S. 209

Ramm, Thilo: Die Rechtsnatur des Tarifvertrages, JZ 1962, S. 78

— Auslegung und gesetzesändernde Rechtsfortbildung, AuR 1962, S. 353

Rehbinder, Manfred: Die Rechtsnatur des Tarifvertrages, JR 1968, S. 167

Reinicke, G. und D.: Die Bedeutung des Wortlauts bei der Auslegung von Gesetzen nach der Rechtsprechung des BGH, NJW 1962, S. 1033

Reuss: Die Schutz- und Ordnungsfunktion der Gewerkschaften, RdA 1968, S. 410

Rüthers, Bernd: Das Recht der Gewerkschaften auf Information und Mitgliederwerbung im Betrieb, RdA 1968, S. 161

— Die Spannung zwischen individualrechtlichen und kollektivrechtlichen Wertmaßstäben im Arbeitskampfrecht, AuR 1967, S. 129

— Zur Beseitigung von Arbeitsverträgen durch Aussperrung, DB 1969, S. 967

— Anmerkung zu BAG v. 13. 6. 1969, SAE 1971, S. 12

Säcker, Franz Jürgen: Rechtsgeschäftsauslegung und Vertrauensprinzip, JurA 1971, Heft 6

— Rechtsfragen der außerordentlichen Kündigung von Betriebsratsmitgliedern, DB 1967, S. 2027

Scheuner, Ulrich: Verfassungsrechtliche Gesichtspunkte zu der Fortbildung des Arbeitskampfrechts im Beschluß des Großen Senats vom 21. 4. 1971, RdA 1971, S. 327

Schnorr, Gerhard: Inhalt und Grenzen der Tarifautonomie, JR 1966, S. 327

Scheuer, Dieter: Formvorschriften für Einstellungen in Tarifverträgen, BB 1969, S. 182

Schumacher, Wilhelm Josef: Der unbestimmte Rechtsbegriff im Tarifrecht, DB 1960, S. 1008

Schwerdtner, Peter: Rechtswissenschaft und kritischer Rationalismus, in: Rechtstheorie, Zeitschrift für Logik, Methodenlehre, Kybernetik und Soziologie des Rechts, 2. Bd., Berlin 1971, Heft I, S. 67

Seiter, Hugo: Die Entwicklung der Rechtsprechung des BAG im Jahre 1969, ZFA 1970, S. 364

Siebert, Wolfgang: Kollektivnorm und Individualrecht im Arbeitsverhältnis, Festschrift Nipperdey, München und Berlin 1955, S. 119

Sieg, Karl: Der Tarifvertrag im Blickpunkt der Dogmatik des Zivilrechts, AcP 151, S. 246

Sieg/Gärtner: Gemeinsame Anmerkung zu BAG AP Nr. 39 und 40 zu § 4 TVG Ausschlußfristen

Siegers, Josef: Die Auslegung tarifvertraglicher Normen, DB 1967, S. 1630

Simitis, Spiros: Zum Problem einer juristischen Logik, Ratio 1960, S. 52

Steinke, Reimer: Die Technik der Gestaltung von Tarifnormen, DB 1970, S. 977

Stratenwert: Zum Streit der Auslegungstheorien, Festschrift für Germann 1969, S. 257

Stumpf, Hermann: Zur Revisibilität der Auslegung von privaten Willenserklärungen, Festschrift Nipperdey 1965, Bd. I, S. 957

Waechter, H.: Die Auslegung von Tarifverträgen, BlStSozArbR 1962, S. 327

Wagner, Heinz: Interpretation in Literatur- und Rechtswissenschaft, AcP 165, S. 520

Wenzel, Leonhard: Die Problematik der richterlichen Ausfüllung von Gesetzeslücken, dargestellt anhand von Beispielen aus der Rechtsprechung des BAG, JZ 1960, S. 713

Westermann: Die Anpassung der Auslegungsmethode an die Eigenart des auszulegenden Willensaktes, Festschrift Arnold 1955, S. 281

Wieacker, Franz: Die Methode der Auslegung des Rechtsgeschäfts, JZ 1967, S. 385

Windscheid, Bernhard: Wille und Willenserklärung. Eine Studie, AcP 63, S. 72

Zippelius, Reinhold: Zum Problem der Rechtsfortbildung, NJW 1964, S. 1981

Zöllner, Wolfgang: Das Wesen der Tarifnormen, RdA 1964, S. 443

Printed by Libri Plureos GmbH
in Hamburg, Germany